지금 무엇을 해야 하는가

불안한 인생에 해답을 주는 칸트의 루틴 철학

지금 무엇을 해야 하는가

강지은 지음

"마땅히 일어나야 하는 일이라면,

일어날 수 있어야 한다."

"Daß solche geschehen sollen,

so müssen sie auch geschehen können."

이마누엘 칸트

들어가는 말

2024년은 18세기 독일을 대표하는 철학자 이마누엘 칸트 Immanuel Kant 탄생 300주년이 되는 해였다. 이를 기념하기 위해 그의 조국인 독일에서뿐 아니라 세계 곳곳에서는 각종 행사가 열렸다. 살아생전 독일 쾨니히스베르크(현재 러시아 칼리닌그라드) 에서 소위 '인싸(무리에서 주목받는 사람을 지칭하는 인사이더의 약자)' 였으니 하늘에서 이런 요란한 기념행사들을 지켜보며 꽤나 뿌 듯해하지 않았을까 싶다.

칸트는 언제나 세상 돌아가는 일에 관심이 많았다. 처음 대 학에서 공부를 시작할 때는 당시 유행했던 학문인 아이작 뉴 턴Isaac Newton의 물리학에 관심을 가졌고, 대학 강사로 활동할 때는 철학은 물론이거니와 지리학 강의도 마다하지 않는 열정적인 선생이었다. 그런 칸트는 강의뿐 아니라 저작에도 평생 심혈을 기울였는데 그 결과로 남은 것이 그의 역작이자, 3대 비판서《순수이성비판Kritik der reinen Vernunft》,《실천이성비판Kritik der praktischen Vernunft》,《판단력비판Kritik der Urteilskraft》이다. 물론 이외에도 무수한 저작들을 남겼고, 칸트 사후부터 지금까지 수많은 학자들의 연구로 그 진가는 계속 발굴 중이다.

하지만 칸트가《순수이성비판》을 막 펴냈을 당시에는 아무도 그 책의 가치를 알아보지 못 했고, 세간의 혹평이 쏟아졌다. 누구도 칸트가 말하고자 하는 진짜 의미를 몰랐다.《순수이성비판》은 오늘날까지도 읽기 어려운 철학서다. 어렵기에 더욱 도전 정신이 생기는지도 모르겠다. 연구하면 할수록 물을 계속 퍼내도 끝없이 나오는 우물처럼 새로움이 샘솟는다.

칸트 철학을 한 문장으로 요약하면 '인간 존재의 모든 가능성에 대한 질문'이다. 인간은 신이 아니다. 그럼에도 불구하고 칸트가 보기에 인간은 신에 버금가는 능력을 가진 듯했던 모양이다. 그런 관점에서 인간이 무엇을 알 수 있는지, 어떻게 행동해야 하는지, 무엇을 추구해야 하는지에 관해 심도 깊게 연구했다.

많은 철학자들이 자신의 삶을 철학으로 승화시키고, 그렇게 정립한 철학을 삶으로 실현하고자 노력한다. 하지만 이를 100퍼센트 수행하기란 사실상 어렵다. 그런데 칸트는 자신의 삶과 철학을 거의 100퍼센트에 가깝게 일치시킨 철학자였다고 감히 말할 수 있다.

칸트의 삶은 루틴routine으로 이뤄져 있었다. 요즘 유행한다는 '1일 1식', '아침형 인간', '갓생(신을 뜻하는 영어 갓God과 삶을 뜻하는 한자 생生이 합쳐져 모범적인 삶을 의미하는 신조어)'은 모두 칸트에게 해당되는 말이다. 본문에 자세히 소개하겠지만 칸트는 아침에 일어나 잠들기까지 루틴이 정해져 있었고, '칸트가 살던 동네 사람들은 칸트가 산책하는 모습을 보고 멈춘 시계의 시간을 맞췄다'는 일화가 있을 정도로 늘 정확한 시간에 자신의 루틴을 지킨 것으로 잘 알려져 있다. 그렇게 규칙적으로 산책을 했던 칸트가 산책 시간을 어긴 건 딱 두 번이었다. 한 번은 장 자크 루소Jean Jacques Rousseau의 《에밀》을 읽다가, 또 한 번은 프랑스 혁명에 관한 신문기사를 읽다가였다. 어릴 때부터 몸이 약했던 칸트가 크게 아픈 데 없이 80세까지 장수할 수 있었던 것 역시 철저히 관리된 삶을 살았기 때문이라고들 말한다. 자신의 마지막 순간을 예감한 칸트는 평소 좋아했던 와인을 제자에게 청해 한 모금 마시고는 가느다란 목소리로 "좋다Es ist gut."라는 말을 남기고 하늘의 별이 됐다. 자연의 순리대로 자신만의 루틴을 갖고 한평생 규칙적이고 계획적으로 살았던 그의 삶은 불안하지 않았고,

평화로웠으며 유쾌했다.

언제나 자연 세계의 법칙에 대해 경외심을 갖고 도덕적으로 실천하며 살았던 인류의 스승 칸트의 묘비명은《실천이성비판》맺음말의 첫 구절에서 발췌했다.

> 그것에 대해서 자주 그리고 계속해서 숙고하면 할수록,
> 점점 더 새롭고 점점 더 큰 경탄과 외경으로 마음을
> 채우는 두 가지 것이 있다. 그것은 내 위의 별이 빛나는
> 하늘과 내 안의 도덕 법칙.

현대인들에게 아르투어 쇼펜하우어Arthur Schopenhauer나 프리드리히 니체Friedrich Nietzsche의 철학이 매력적으로 다가오는 이유는 현재의 불안과 고통에 공감해 주기 때문이다. 그러나 고통과 불안을 외치는 철학에서 나만의 안정적인 미래와 행복을 찾기란 쉽지 않은 일이다. 쇼펜하우어는 세상이 설명되지 않는 욕망으로 지배당하고 있다고 보았다. 의지와 표상으로서의 세계 속에서 사람들은 길을 잃기 십상이다. 그 안에서 나만의 길을 찾으려면 끊임없이 진리를 찾아 수행하는 구도자가 되어야 하는데 쉽지 않은 일이다. 니체가 말하는 위버멘쉬übermensch(초인)가 되기란 더더욱 어렵다.

이에 반해 칸트는 자신만의 루틴을 통해 이 불안한 세계를 이겨 나갈 수 있다고 말한다. 구도자가 되지 않고도 자신만의 길을 굳건히 세울 수 있고, 이를 수행함으로써 불안을 잠재울 수 있다는 것이다. 불안해하는 사람들, 고뇌하느라 아무것도 하지 못 하는 사람들에게 칸트는 말한다. "중요한 건 지금 당장 내가 할 수 있는 일을 하는 것이다."

마지막까지 자신이 추구하는 삶을 살았던 칸트가 살아 있다면 우리에게 어떤 강의를 해 줄까 생각해 봤다. 분명 일반 대중이 명쾌하게 알아들을 수 있는 예를 들어가며 유쾌한 강의를 했을 것이다. 칸트는 학생들에게 강의하는 것을 좋아했을 뿐만 아니라 교수가 된 이후 각계 사람들을 초대해 식사하고 대화하는 것을 무척 즐겼다. 앞의 이야기만 보면 한없이 진중하기만 할 것 같지만 칸트는 진중하면서도 유쾌한 철학자였다.

칸트와 상상 속의 대화를 나누며, 20여 년간 칸트를 연구하면서 내가 느꼈던 것들, 하고 싶었던 이야기들을 이 책에 담고자 노력했다. 칸트를 접하고 싶지만 어렵게 느껴졌던 독자들에게 오해 없이 칸트를 전달하고 싶다. 하지만 그리 성공적이지 못 할 수도 있다. 많은 연구자들이 칸트의 철학을 열심히 연구해 일반인에게 전달하려 했지만 늘 한계가 있어 왔다. 그만큼 칸트의 철학은 읽을수록 새롭고 또 그만큼 어렵다.

그럼에도 불구하고 이 책을 통해 오늘을 사는 현대인들이 칸트를 만나 불안에서 벗어나 평온한 하루를 보낼 수 있다면 더 이상 바랄 게 없을 듯하다. 끝으로 이 책에 발췌한 칸트의 문장들은 바이셰델 판의《칸트 전집》에서 인용했음을 밝힌다.

2024년 겨울

강지은

Immanuel Kant

1부

오늘을 어떻게 살아야 할까

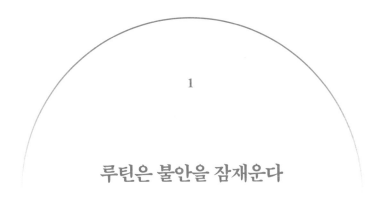

1

루틴은 불안을 잠재운다

"젊은이는 확실하고 일정한 일과를 가져야 한다."

이마누엘 칸트, 《교육학Über Padagogik》(A80)

현대 사회는 불안의 시대다. 사회는 안정적인 일자리도, 노후도 제공하지 않는다. 삶의 안정은 모두 개인에게 떠넘겨져 있다. 뉴스에서는 일자리 창출과 연금 개혁을 이야기하지만 안정적인 일자리는 이미 우리와는 먼 이야기가 된 지 오래고, 국민연금은 바닥나고 있으며, 인구는 점점 절벽으로 치닫고 있다. 미래를 책임져야 할 세대는 고령화 시대를 맞아 책임만 늘 뿐 혜택은 줄어든다. 내가 납부한 연금만큼도 돌려받지 못 할 수 있다는 불안감은 걱정만 키운다.

요즘 흔히 말하는 MZ세대(1981~1990년대 초반에 태어난 밀레니얼 세대와 1990년대 중반부터 2000년대 초반에 태어난 Z세대를 통틀어 부르는 신조어)는 겉으로는 풍족해 보여도 실상은 부모보다 가난한 세대다. 부모 세대가 당연하다고 생각했던 결혼, 집 장만 등을 정상적으로 할 수 없는 세대이기 때문이다. 부모 세대는 어렵긴 해도 작게 출발해 조금씩 이루며 살 수 있었다. 적당한 시기에 결혼을 하고, 적절하게 집을 장만하며 자식을 키웠다. 그런데 지금의 MZ세대는 극심한 취업난, 비상식적 집값 상승을 맞이하며 자신이 번 돈으로 집을 장만한다는 건 꿈도 꾸기 어려운 일이 됐다. 이런저런 이유로 결혼을 포기한 MZ세대는 혼자 살아간다. 2023년 기준 우리나라의 1인 가구 비율은 35.3퍼센트로, 이제 세 가구 중 하나는 1인 가구다.

어찌어찌 부모에게 얼마간 결혼 자금을 기대고, 주택 담보 대출을 받아 결혼 생활을 시작한 이들에게도 밝은 미래가 보장되지는 않는다. 아파트 불패의 신화를 철석같이 믿었던 국민 중 일부는 2021년 영혼까지 끌어 모아 대출을 받는다고 해서 붙은 이름인 '영끌'로 3억~4억 원 이상의 대출을 받아 집을 장만했다. 그러나 이후 아파트 값은 떨어지고, 금리는 상승하는 바람에 팔고 싶어도 못 팔거나 언젠가는 오를 거라는 기대 속에서 은행 빚을 갚느라 허덕이고 있다. 그럼에도 불구하고 믿을 건 부동산뿐이라며 여전히 '영끌'에 뛰어드는 사람들이 있으니 불행한 일이 아닐 수 없다. 불안한 미래를 위해 내 모든 삶을 아파트에 투자하고 나머지 삶을 포기하느니, 혼자 소박하게 사는 게 더 낫지 않나 싶은 생각이 들 정도다.

무엇이 우리를 이렇게 만들었을까. 되짚어 보면 이게 다 불안 때문이다. 늘 남들과 비교하며 남들 다 있는 집인데 나만 없으면 안 된다는 불안, 남들이 다 있는 물건 나만 없으면 뒤처진다는 불안, 남들 다 가는 여행 나만 안 가면 낙오된다는 불안이 자신을 잠식해 정상적인 판단을 할 수 없게 만들었다.

의식주에 관심을 갖지 않고 살 수는 없다. 하지만 너무 과도하게 집착하면 나의 필요나 욕구가 아닌 꾸며진 세계관 안에 갇혀 진짜 나의 삶은 생각할 수 없게 된다. 무엇보다 중요한 건 '나'를 아는 일이다. 집도, 물건도, 인간관계도 그다음에 고려해야 할 것들이다.

가끔 교육청에서 진행하는 특강에 참여해 중고등학생들을 만날 기회가 있다. 최근 들어 아이들에게 꿈이 무엇이냐고 물으면 '건물주'라고 대답하는 학생들이 참 많다. 건물주가 꿈인 것도 나쁘진 않다. 하지만 그전에 뭘 해서 돈을 벌어 건물주가 될 것인지도 생각해야 하는데 대부분 그 생각은 놓치고 있어 아쉬웠다. 모르긴 해도 그렇게 말하는 아이들 또한 꿈에 관해 생각해 본 적이 있을 것이다. 다만 이를 구체화하기 어렵고, 어떻게 시작하고, 나아가야 할지 몰라 얼렁뚱땅 대답한 것일 뿐이라고 믿고 싶다. 중고등학생들뿐일까. 대학생, 사회초년생들도 진로에 관해서 많은 고민을 한다. 직장생활을 제법 잘하고 있는 사람들 역시 이대로 괜찮을까 불안해한다.

이런 불안은 계속 떠올리고 생각할수록 커진다. 아무것도 하지 않고 있을 때 더 불어난다. 불안을 해소하고 싶다면 우선 내가 무엇에 관심 있는지, 당장 하고 싶은 게 무엇인지 떠올려 보자. 그리고 일단 시작해 보자. 규칙적으로 할 수 있는 일이면 더 좋다. 그렇게 나만의 루틴을 만드는 것이다.

칸트는 자신의 책《교육학》에서 '젊은이는 확실하고 일정한 일과를 가져야 한다.'라고 말했다. 하루에 최대 몇 시간 공부하라거나 잠을 몇 시간 자야 한다는 말이 아니다. 그저 꾸준히 실천할 수 있는 확실한 루틴을 가지라는 것이다. 하고 싶은 일을 성취하는 데 루틴만큼 확실한 방법이 없으며, 무언가 해야 할 일이 있을 때 우리의 불안은 그만큼 줄어든다.

꾸준히 하면 이루지 못 할 것이 없다. 어릴 때 시작할수록 그 힘은 더 커지지만, 성인이 된 뒤에라도 노력한 만큼 누구나 성장할 수 있다. 공부 잘하는 학생들은 무조건 조금 자고 오래 공부하지 않는다. 대신 자신의 공부 시간을 정해 놓고 그 시간에 최대한 집중한다. 세계적인 악기 연주자들은 매일 하루도 빠지지 않고 정해 놓은 시간만큼 악기 연습을 한다. 이미 수백 번, 수천 번 연주해 마스터한 곡일지라도 연습을 쉬지 않는다. 그러지 않으면 불안해서 무대에 설 수 없다고 한다. 연습만이 불안을 잠재울 유일한 방법이다. 타고난 머리나 재주만으로는 훌륭한 업적을 낼 수 없다. 진짜 실력자는 꾸준히 루틴을 지켜 온 사람들이다. 누구에게나 1퍼센트의 재능은 있다. 다만 성공은 99퍼센트의 노력, 즉 루틴을 수행할 때 가능해진다.

가난한 철학도의 길

철학자라고 하면 왠지 생활하는 데 어려움 없이 맘 편히 사색을 즐기는 사람들일 것 같다는 느낌이 있다. 예상대로 고대 그리스의 철학자 플라톤Platon은 아테네 출신으로 코드로스 왕족 혈통을 물려받았으니 태생이 귀족이었고, 그의 제자였던 아리스토텔레스Aristoteles도 마케도니아의 왕의 주치의이자 친구였던 니코마코스Nicomachus의 아들이었으니 왕의 주변인으로 남부럽지 않은 삶을 살았다. 사실 철학이라는 학문은 생각하는 일이기에 생활이 넉넉지 못 하면 접근조차 쉽지 않다. 그래서인지 우리가 흔히 아는 철학사 속 철학자들은 대부분 살림살이가 풍족한 편이었다.

하지만 칸트는 그렇지 않았다. 노동자 계급 가정에서 열한 명의 자식 중 넷째로 태어난 칸트는 요즘 말로 하면 '흙수저'였다. 칸트의 아버지 요한 게오르크 칸트Yohann Georg Kant는 말이 착용하는 장신구를 만드는 수공업자였다. 칸트가 어렸을 때만 해도 유럽 혁명 전이었고, 사회 분위기상 계급의 세습은 자연스러운 일이었기 때문에 자식이라면 마땅히 부모와 같은 직업을 가져야 한다고 여겨졌다. 하지만 교육열을 가진 부모의 도움과, 칸트의 남다른 재능을 알아본 목사이자 교육자 프란츠 알베르트 슐츠Franz Albert Schulz의 권유로 칸트는 학교에 다닐 수 있었다. 물론 스스로 공부에 대한 열의가 없었다면 아무리 기회가 주어진다고 한들 노동자 계급의 소년이 학생이 된다는 건 쉬운 일이 아니었다.

칸트는 독실한 경건주의 신자였던 부모의 영향으로 교회가 운영하는 학교에 입학했다. 학교가 어찌나 엄격했는지 평생 자신의 루틴을 지켜 온 것으로 잘 알려진 칸트조차 당시 학교에서 강요하는 규칙적인 예배와 수업을 '소년 노예 제도'라며 비난했다고 한다. 칸트에게도 질풍노도의 시기는 있었던 모양이다. 자기가 하고 싶은 일을 규칙적으로 하는 것과 강요된 규칙을 지키는 것은 엄연히 다르다. 강요된 규칙은 노예에게 해당된다. 칸트는 뼛속까지 자유인이었다.

만 16세가 되던 해인 1740년, 칸트는 알베르투스 대학교에 입학했다. 하지만 공부를 다 마치기 전인 1746년에 아버지가 돌아가시면서 돈을 벌어 가족의 생계를 책임지고 자신의 공부도 이어가야 하는 상황이 됐다. 생활비를 벌기 위해 칸트가 선택한 일은 귀족 집안의 가정교사였다. 공부를 하면서 돈을 벌 수 있는 일거리가 가정교사 외에는 흔치 않은 시절이었다.

1770년, 마흔여섯의 나이로 철학 교수가 되기까지 20년 넘는 세월 동안 칸트는 가정교사와 대학의 사강사로 지내며 경제적으로 어렵게 살았다. 물론 교수가 되기 4년 전쯤에 궁정도서관 부사서로 일하면서 정규 월급을 받게 돼 조금은 안정적인 생활을 할 수 있었지만 큰 수입은 아니었다.

강사로 일하던 시절 칸트는 다양한 분야의 수업을 맡아 했는데 그중 학생들에게 가장 인기 있던 강의가 지리학이었다. 칸트는 여러 지역에 관심이 많았다. 하지만 평생 주거지에서 멀리 떨어져 있어 본 적은 거의 없었다. 가정교사 일을 하던 중 가르치던 학생의 가족들과 함께 쾨니히스베르크 도심에서 30마일 정도 떨어진 곳에 있는 별장으로 여행을 간 적이 있는데 이때가 살면서 주거지로부터 가장 멀리 떠나 있던 것이었다고 한다. 30마일이면 약 48킬로미터로 서울에서 일산 정도의 거리다. 성격적 측면도 있겠지만 여행을 다닐 만큼 여유로운 상황이 아니었음을 알 수 있다. 대신 칸트는 지역에 대한 호기심을 독서로 풀었다. 깊고 풍부한 독서 덕분에 그 누구보다 지리에 대한 식견이 높았고, 자신이 알고 있는 지식을 재치 있게 풀어내는 능력도 출중해 칸트의 지리학 수업에는 늘 학생들이 가득 찼다고 한다.

교통수단이 지금만큼 발달하지는 못 했던 시기지만 칸트가 살던 당시 유럽의 귀족들 또한 여행을 곧 공부라고 여기며 자녀들에게 여행을 권했다. 칸트가 만약 그들처럼 자신이 원하는 장소를 여행하고 그 여행지의 사물들을 직접 관찰할 수 있었더라면 더 좋았을 수 있지만, 이런 물리적·경제적 한계도 칸트의 연구나 강의를 방해하지 못 했다. 뜻이 있으면 길은 찾을 수 있다. 칸트에게는 뜻이 있었고, 그 뜻을 이뤄 낼 길은 독서였다.

요즘 초등학교에는 개근상이 사라졌다고 한다. 내가 초등학교에 다닐 때만 해도 졸업식에서 6년 개근상을 받는 것만큼 자랑스러운 일도 없었다. 그런데 요즘엔 그렇게 착실하게 학교를 나오면 되레 '개근거지'라고 놀림을 받는다는 이야기를 듣고는 가슴이 무너졌다. 학교에서 교외 체험 학습이 출석으로 인정되면서 학기 중에 해외여행을 가는 아이들도 늘었고, 방학을 마치고 개학날이 되면 선생님들은 자연스레 방학 때 어디를 다녀왔는지 묻는다고 한다. 그러면 너도나도 일본, 동남아 같은 가까운 나라부터 미국, 유럽, 심지어 아프리카까지 가족과 함께 다녀온 여행 이야기를 신나게 하니 그러지 못 한, 할 이야기가 없는 아이들은 풀이 죽어 집으로 돌아올 수밖에 없다. 그러고는 부모에게 반 친구들은 다 해외여행을 다녀왔는데 우리는 왜 안 가냐며 서운한 눈빛을 보내면 부모는 괜스레 미안해진다.

여행을 떠나 새로운 세계를 보고 오는 일도 물론 의미 있지만, 하루도 빠지지 않고 학교에 나가는 일 또한 그 이상으로 훌륭한 일이다. 무언가를 꾸준히 성실하게 해냈다는 것에 박수를 보내지 않는데 어떤 훌륭한 일을 할 수 있을까? 멀리 떠나 본 적 없는 칸트는 다른 방식으로 호기심을 채워 인기 지리학 강사가 됐고, 나아가 세계적인 철학자가 됐다.

잘하기는 힘들어도 매일 할 수는 있다

사람들은 언제 가장 불안할까? 생각해 보면 내가 가진 게 없고, 준비된 게 없다고 생각될 때, 앞날이 막연하다는 느낌이 들면 불안해진다. 2015년 개봉한 픽사 애니메이션 영화 〈인사이드 아웃〉은 당시 큰 인기를 모았다. 한 아이의 마음 안에 있는 다양한 감정들을 각각 살아 있는 존재로 형상화한 이 애니메이션은 아이들도 좋아했지만 성인들에게도 큰 감동을 줬다. 그 인기에 힘입어 2024년 〈인사이드 아웃 2〉가 개봉했다. 〈인사이드 아웃 2〉에서 집중한 감정은 새롭게 등장한 '불안'이었다. 어느덧 사춘기가 된 주인공에게 가장 커다란 감정은 불안일 수밖에 없다. 나를 이해해 주는 친구가 있는 줄 알았는데 어떨 때는 혼자 같고, 아빠와 엄마가 좋긴 하지만 간섭받기는 싫고, 공부해야 하는 건 알지만 하고 싶지 않고, 앞으로 뭐가 되어야 할지도 모르겠는데 자꾸 꿈을 찾으라고 하는 상황 속에서 더 이상 아이도 어른도 아닌 애매함은 불안으로 침잠하게 하게 한다. 성인이라고 다를까? 그렇지 않다. 미래를 위해 죽어라 뛰는데 미래는 보이지 않고, 현실에 내 자리는 없는 것 같다. 준비된 것도 없고 가진 것도 없다. 불안하지 않을 수 없는 상황이다. 치열한 경쟁의 늪에 던져지고는 승리하지 못 하면 인생의 패배자라 낙인찍는 사회적 시선 속에서 우리는 불안하지 않게 사는 법을 배운 적이 없다. 그러다 보니 현대 사회의 키워드는 '불안'이 됐고, 영화 속에서도 '불안'이 새로운 메인 캐릭터로 등장한 게 아닐까 싶다.

내 마음을 스스로 인지한다는 건 쉬운 일이 아니다. 오랜 기간 명상하며 수련해 온 사람이 아닌 이상 내가 왜 분노하는지, 무엇에 즐거워하는지는 물론이고, 지금 자신이 불안해하고 있다는 사실조차 알아채기 어렵다. 감정이란 나도 모르는 사이에 순간적으로 내 안에서 올라와 나를 사로잡기 때문이다. 이런 순간적인 감정을 조절하지 못 할 때 분노, 까칠, 슬픔 등이 발현되면 타인과의 관계가 자칫 어려워질 수 있다. 따라서 보다 성숙한 삶을 위해서라도 자신의 감정을 들여다보는 연습이 필요하다.

다시 불안으로 돌아가 이야기해 보자. 이렇게 하면 불안이 해소됩니다, 하고 명쾌한 해답을 줄 수 있으면 좋겠지만 각자 불안의 이유도, 불안의 정도도 다르기에 불행히도 정답은 없다. 다만 한 가지 분명한 건 불안하다고 해서 불안에 내 모든 에너지를 다 빼앗기며 살아서는 안 된다는 것이다.

가진 것 없고, 미래가 불확실하기로는 칸트만 한 사람이 또 있을까. 그런 칸트가 불안에 지지 않고 철학을 할 수 있었던 것은 확고한 자기 믿음이 있었기 때문이다. 어려서부터 철학을 하고자 했고, 철학 교수가 되기 전에 문학 교수가 될 수 있었음에도 불구하고 이를 마다하고 칸트는 끝내 철학 교수가 됐다. 오랜 세월 사강사를 하며 철학 연구를 지속했고, 이를 자신의 숙명이라 여겼던 칸트. 칸트의 확고한 자기 믿음은 자신의 두뇌도, 재능도 아닌 꾸준함에서 왔다. 인간은 모든 일을 잘할 수 없다. 살다 보면 생각만큼 잘할 수 없는 일들이 세상에 많다는 걸 알게 된다.

하지만 의지만 있다면 누구나 꾸준히는 할 수 있다.

칸트의 규칙적인 삶에서 특히 빼 놓을 수 없는 것이 산책이다. 칸트에게 산책은 연구하는 것 못지않게 중요한 일이었다. 160센티미터가 될까 말까 한 키에 약간 구부정한 몸, 기형적인 가슴을 가진 병약한 체질이었던 칸트는 종일 책과 씨름하며 평생을 살았지만 그 시절에 큰 병 없이 80세까지 장수했을 정도로 건강했다. 칸트의 건강관리법 중 하나가 바로 이 산책이었다.

교수가 된 이후로 칸트가 산책 시간을 어긴 건 딱 두 번이었는데 한 번은 프랑스 혁명에 대한 신문 기사를 읽느라, 다른 한 번은 루소의 《에밀》을 읽느라였다. 프랑스 혁명은 그야말로 유럽의 빅 뉴스였을 것이고, 유난히 교육에 관심이 많던 칸트에게 루소의 《에밀》은 루틴을 잊을 만큼 이상적인 교육에 관한 참신한 아이디어였던 모양이다. 산책이 별것 아닌 것 같아 보여도 날마다 꾸준히 규칙적으로 하는 것만으로도 건강을 지킬 수 있다.

무언가 하고 싶은 일이 있다면 규칙적으로 시작해 보자. 1년 이상 규칙적으로 해 온 일이 있다면 가능성이 있는 사람이다. 3년 이상 규칙적으로 해 온 일이 있다면 이미 무언가를 이루어 가고 있는 사람이다. 10년 이상 규칙적으로 해 온 일이 있다면 전문가 소리를 들을 만한 사람이다. 꼭 무언가 이루지 않아도 좋다. 규칙적으로 루틴을 지키며 산다는 것 자체가 내 삶과 세상에

긍정적인 영향을 준다.

　모두가 칸트처럼 살기는 어려울 것이다. 그래도 각자 나름대로 무언가를 사랑하며, 열심히 노력할 수는 있다. 진짜 행복하다고 말하는 사람들을 보면 재산이 많거나 뛰어난 능력을 가진 사람이 아니다. 자신이 원하는 것을 알고, 그 꿈을 키워 나가거나 이룬 사람들이다. 좋은 직업, 좋은 직장도 정년을 생각하면 60대까지다. 100세 시대, 120세 시대에 60대는 제2의 인생을 시작해야 하는 새로운 시작점이다. 이런 생각으로 또다시 불안해진다면 칸트를 떠올려 보자. 그리고 확실하고 일정한 루틴을 만들어 실천해 보자. 루틴이 당신의 불안을 잠재울 것이다. 진부하게 들릴지 모르지만 늦었다고 생각하는 때가 가장 이른 때다. 지금 당장 하고 싶은 것을 정해 규칙적으로 하자.

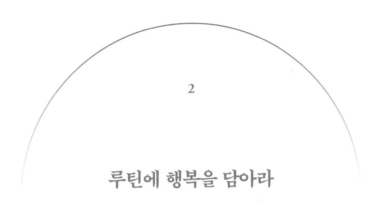

2

루틴에 행복을 담아라

"우리가 규칙을 기억하고 있다면, 설령 그것을 사용하는 걸 잊었다 해도, 이내 다시 가야 할 길을 알 수 있다."

이마누엘 칸트,《교육학》(A84)

일본 만화〈고독한 미식가〉를 원작으로 한 동명의 일본 드라마가 2012년부터 2022년까지 10년간 시즌제로 방영돼 큰 사랑을 받았다. 간단하게 요약하면 한 남자가 혼자 맛집을 돌아다니며 음식평을 하는 이야기다. 예전 같으면 혼자 무슨 청승이냐고 했을 법하지만 요즘엔 혼자 밥을 먹는 사람들이 많아져 누가 식당에서 혼자 밥을 먹어도 전혀 의식되지 않을 만큼 자연스럽다. 그래서인지 혼자 밥을 먹는 사람 또한 전혀 외롭다거나 민망하다고 느끼지 않는다.

　최근 10~15년 사이에 유행한 식문화가 '혼밥(혼자 밥을 먹는 일의 줄임말)' 혹은 '혼술(혼자 술을 마시는 일의 줄임말)'이다. 나는 기성세대여서인지 일반 식당에서의 '혼밥'은 영 익숙해지지가 않는다. 그러다 보니 '혼밥'이 필요한 상황이 오면 그냥 굶거나 차 안에서 샌드위치를 먹는 정도로 간단히 해결한다. 그러나 젊은 세대들에게 물으면 오히려 '혼밥'을 즐긴다는 사람들도 많다. 어떤 차이에서 비롯된 걸까?

　'혼밥', '혼술'이 맛있고 즐거운 이유는 사람마다 다를 수 있지만, 내가 원하면 언제든 타인과 연결될 수 있다는 믿음이 기저에 깔려 있지 않을까 조심스레 예상해 본다. 어쩔 수 없이 내몰리듯 혼자가 된 게 아니라 나의 선택으로 혼자일 때 비로소 혼자여도 즐거운 법이다. 만약 아무리 찾아도 함께 밥을 먹거나 술을 마실 사람이 없다면, 그게 어쩌다 하루가 아니라 계속된다면 즐거운 일이라고 말하기는 어려울 것이다.

게으름 피워도 좋은 5분의 여유
가장 행복한 방법으로 1일 1식

칸트가 살던 시대에도 지금처럼 결혼에 경제적·시간적 여유가 뒷받침돼야 했던 걸까? 공부하느라 그리고 가족의 생계를 책임 지느라 결혼 시기를 놓친 칸트는 평생 가족 없이 혼자였다. 요즘 은 선택적으로 '혼밥'을 즐긴다지만 칸트는 혼자 밥을 먹지는 않 았다. 사강사로 인기를 끌고 어느 정도 돈을 벌었을 때는 군인 출신의 마르틴 람페Martin Lampe를 하인으로 고용해 함께 식사를 했고, 교수로 취임한 뒤 경제적으로 여유가 생겼을 때는 사람들 을 집으로 초대해 함께 식사했다.

교수가 된 뒤 칸트는 더욱 철저히 루틴을 관리했다. 매일 새벽 4시 55분, 람페는 칸트의 방문을 두드리고 들어와서는 군인 출 신답게 큰 소리로 "교수님, 일어나실 시간입니다!" 하고 깨웠다 고 한다. 아무리 칸트라고 한들 람페의 알람을 듣고 매일 그 이 른 시간에 눈이 번쩍 떠졌을까? 람페가 칸트를 깨우러 간 시각 이 정각 5시가 아니라 4시 55분이라는 데 그 비밀이 숨어 있다. 칸트는 람페의 목소리를 듣고 5시가 되기까지 5분간 침대 안에 서 뭉그적거리는 시간을 즐겼다. 그리고 정확히 5시에 일어났 다. 이렇듯 칸트는 람페의 알람을 아주 적절히 이용하면서도 그의 알람을 무시한 적은 없었다. 람페 역시 "아침에 내가 어떤 말을 하더라도 들어주지 말라."라는 칸트의 명령을 충실히 지키며 칸트가 일어날 때까지 그의 곁에 있었다.

포근한 침대에서 5분쯤은 좀 게을러져도 좋다고 칸트는 이야기한다. 다람쥐 쳇바퀴 돌듯 반복되는 일상의 시작을 능동형으로 만들어 보자. 단 5분이면 충분하다. 학교든 회사든 아침 일찍 일어나 하루를 시작하는 건 보통의 사람들에게는 쉽지 않다. 누구나 한번쯤 "5분만 더!"를 외쳐 본 적 있을 것이다. 알람을 정각에 맞춰 놓고 '5분 더'를 쓰면 왠지 마음이 불편하다. 하지만 알람을 5분 전에 맞춰 놓으면 어떨까? 주어진 5분 동안 스스로 나의 몸과 정신을 능동적으로 하나하나 깨울 수 있다. 알람에 의해 억지로 일어나는 게 아니라, 내가 나를 깨우는 것이다. 그렇게 5분의 여유를 즐겨 보자. 단, 아직 나에겐 5분이 남았다는 사실을 깨닫고 다시 잠이 들면 곤란하다.

그렇게 일어난 칸트는 꽃잎 차 두 잔을 마시는 것으로 하루를 시작했다. 차는 아침을 은은하고 향기롭게 해 준다. 요즘 사람들은 차보다는 주로 커피를 즐긴다. 이름도 낯선 새로운 커피들이 날마다 새롭게 출시되기도 하고, '얼죽아(얼어 죽어도 아이스 아메리카노)'라는 신조어가 만들어질 정도로 커피를 즐겨 마신다. 특히 출근해서는 커피 한 잔 마셔야 정신이 맑아지고, 업무를 시작할 수 있다고들 말한다. 아침에 마시는 꽃잎 차 두 잔이 칸트에게는 그런 역할을 했을지도 모르겠다. 칸트는 차뿐만 아니라 커피도 좋아했다. 하루에 한 끼 식사, 즉 1일 1식을 즐겼던 칸트는 식후에 반드시 커피를 마셨다. 커피 끓이는 시간조차 기다리지 못 할 만큼 커피를 사랑해, 멀리서 하인이 커피를 내오는 모습이 보이면 "커피! 커피! 육지다! 육지가 보인다."라고 외칠 정도였다고 한다.

쾨니히스베르크의 유명 인사였던 칸트는 하루에 한 끼만 먹는 대신 식사 때 좋아하는 사람들을 초대해 맛있게 먹었다. 이때 초대된 사람들은 동료, 선후배 학자들 또는 제자들, 그리고 목사, 의사, 은행가, 상인 등 다양한 직업군의 사람들이었고, 식사하며 나누는 이야기의 주제 또한 다양했다. 철학뿐 아니라 젊은 시절부터 관심을 갖고 연구했던 과학 및 다양한 학문들, 시사, 가정문제 등 다채로운 주제로 여러 사람들과 격의 없는 대화를 나눴다. 자기 관리에 철저하고, 연구에 몰두했던 칸트였다 보니 흔히들 은둔형 학자의 모습을 떠올리는 경우가 많은데 실제로는 누구보다 사람들을 좋아하고 스스럼없이 교류하는 사람이었다. 이처럼 좋아하는 사람들과 함께하는 맛있는 식사 시간에 빠지면 안 되는 게 하나 있다. 다름 아닌 술이다! 칸트는 식사를 하며 간단히 마시는 반주를 즐겼다고 한다. 특히 와인을 좋아했는

데 생애 마지막 순간까지도 물에 탄 와인을 청했다니 얼마나 와
인을 좋아했는지 알 수 있다.

나의 즐거움을 아는 일

평생을 혼자 살며 루틴을 칼같이 지키고 최대한 절제하며 자기
관리에 철저한 꼬장꼬장한 철학자로만 생각했던 칸트는 침대
속 5분의 여유가 주는 쾌락과, 사람과 술이 주는 따뜻한 즐거움
을 아는 사람이었다. 루틴이라고 하면 빡빡하고 답답한 느낌이
먼저 들 수 있는데 그럴 것 없다. '쾨니히스베르크의 시계'라고
불렸던 칸트에게도 5분의 여유, 사람과 술이 있었다. 꾸준히 하
는 데 있어 즐거움은 필수다. 다시 말해 즐거움이 없다면 꾸준히
하기도 어렵다.

　칸트는 사람들과 함께 식사하기를 즐겼지만, 앞에서 이야기
한 '혼밥'처럼 밥을 혼자 먹는 게 편한 사람도 있고, 2022년 수
학계의 노벨상이라 불리는 필즈상을 수상한 허준이 교수처럼
매일 학교 근처에 있는 같은 식당에 가는 게 좋은 사람도 있다.
한 TV 프로그램에 출연해 매일 같은 식당에 가고, 거기서 주로
타코를 주문해 먹는다는 그에게 진행자가 이유를 물었다. 스스

럼없이 나온 그의 대답은 "빨리 나오잖아요."였다. 40세 이전에만 받을 수 있는 상이라 세계적인 수학자라 해도 쉽게 받을 수 없다는 필즈상을 수상한 허준이 교수는 필즈상 수상 전에 이미 수학계의 난제를 10여 개나 풀었고, 박사 과정 졸업 후 프린스턴 대학교 종신교수직을 받은 그야말로 수학 천재다. 그런 그에게는 먹는 즐거움보다 연구하는 즐거움이 크기에 가장 간단하고 빠르게 먹을 수 있는 음식을 선택해 먹는 시간을 줄이고, 절약한 만큼의 시간을 연구하는 데 쏟는 것일 테다. 그 역시 천재이기도 하지만 남다른 꾸준함으로 성공한 사람이라 할 수 있다.

나만의 루틴을 만들 때 잊지 말아야 할 것이 바로 나의 즐거움이다. 우리는 모두 다르다. 먹는 걸 좋아하는 사람이 시간을 아끼고 싶다는 이유로 허준이 교수의 루틴을 따라 한다면 어떻게 될까? 지키면서 불행해지거나 지키지 못 하고 쉽게 포기하거나 둘 중 하나일 것이다. 매번 계획을 세우는데도 결국 지키지 못 하는 이유가 바로 여기에 있다. 이런 일을 미연에 방지하려면 내가 언제 즐거운지 알아야 한다. 무엇을 좋아하고, 어떨 때 행복을 느끼는지를 알아야 루틴을 제대로 만들 수 있다. 루틴을 만들 때는 내가 절대 포기할 수 없는 행복 하나를 꼭 담아 보자. 그 소소한 즐거움이 결국 내 루틴을 유지시켜 줄 강력한 힘이 되어 줄 것이다.

'쾨니히스베르크의 시계'라고
불렸던 칸트에게도
5분의 여유, 사람과 술이 있었다.
꾸준히 하는 데 있어 즐거움은 필수다.

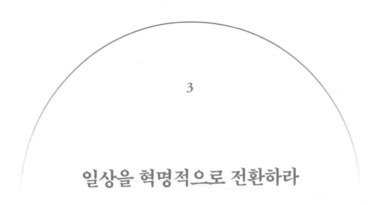

3

일상을 혁명적으로 전환하라

"과감히 알려고 하라."

이마누엘 칸트, 〈계몽이란 무엇인가에 대한 답변
Beantwortung der Frage: Was ist Aufklärung?〉(A481)

1616년 2월 26일, 이탈리아의 천문학자 갈릴레오 갈릴레이
Galileo Galilei는 지동설을 주장하던 자신의 신념을 포기하는 서약
을 했다. 추기경 앞에 무릎을 꿇고 맹세를 한 뒤 다리를 세우면
서 "그래도 지구는 돈다Eppur si muove."라고 중얼거렸다더라 하는
'카더라'가 오늘날까지 전해지지만 그건 말 그대로 '카더라'일
뿐, 그럴 수 있는 분위기가 전혀 아니었다는 게 정설이다. 여러

달에 걸친 교황청의 소환에 이미 지칠 대로 지친 칠순의 노인이 가볍게라도 목숨을 걸고 교황청의 뜻에 반대되는 말을 했을 리 없다는 것이다.

태초에 인간은 하늘이 세계의 전부였을 것이다. 태양과 달을 보며 신을 생각하고 별을 보며 별들의 전쟁을 상상했다. 그러다 이성이 깊어지고 수학을 깨달으며 차차 천체의 운행을 생각했다. 하늘이 지구 주위를 돈다는 천동설을 생각해 낸 건 지극히 평범하고도 당연한 일이었다. 가만히 서서 하늘을 보고 있는데 태양과 달, 별이 움직이니 말이다. 거기에 중세 종교적 영향이 더해지면서 신이 창조한 지구가 중심이 되고, 그 주위를 하늘이 돈다는 건 그들에게 너무나도 마땅한 진리였다.

천동설은 고대 그리스부터 주장됐으나 당시에도 매끄럽게 설명되지는 못 했다. 밤하늘의 별들은 북극성을 중심으로 일정하게 돌아간다. 그런데 수성, 금성, 화성, 목성, 토성 이 다섯 개의 별은 하늘에서 이리저리 위치를 바꾼다. 이를 발견한 고대인들도 실은 천동설에 약간의 문제가 있다는 사실을 눈치채긴 했다. 그래서 이 다섯 개의 별들을 '떠돌이 별'이란 의미로 '행성planet' 이라 이름 붙였다. 행성들은 앞으로 가는 순행 운동과 잠깐 뒤로 물러서는 역행 운동을 반복하며 움직인다. 아리스토텔레스도 행성들의 운동이 법칙에서 벗어난다는 걸 잘 알고 있었지만 당

시 상황에서는 천동설 이외에 달리 설명할 길이 없었기 때문에
이에 대한 증명은 후대 학자들에게 넘겼다.

코페르니쿠스의 혁명적 사고

앞에서 이야기한 갈릴레이의 일화가 워낙 유명하다 보니 지구
가 태양 주위를 돈다는 지동설이 갈릴레이로부터 나왔다고 생
각하기 쉽다. 하지만 지동설을 처음 주장한 사람은 폴란드 출신
천문학자 니콜라우스 코페르니쿠스Nicolaus Copernicus다.

코페르니쿠스는 왜 행성이 천체상을 역행하는지, 왜 수성과
금성(내행성), 화성과 목성, 토성(외행성)이 다른 움직임을 보이는
지에 관해 깊이 사색했다. 그 결과 비록 종교적 신념을 거스르는
주장이지만 지동설에 도달하게 됐다. 그리고 그는 이전까지 지
구를 중심에 뒀던 천체상을 재배열하기로 했다. 태양을 중심에
놓고, 그 주위에 지구를 비롯한 행성들을 안쪽부터 차례로 수성,
금성, 지구, 화성, 목성, 토성 순으로 배열하고는, 그 이외의 항성
을 가장 바깥쪽 천체로 해 태양계를 완성시킨 것이다. 남들이 다
아니라고 했지만 코페르니쿠스는 혼자 지구가 태양 주위를 도
는 천체도를 완성시켰다. 지동설은 천문학의 혁명이자 사상의

혁명이었다. 세상의 중심을 지구에서 태양으로 바꾼 이 사건을
사람들은 '코페르니쿠스 혁명'이라 불렀다.

발상을 전환해 세상 바라보기

칸트는 스스로 자신의 철학적 발상을 코페르니쿠스의 혁명적
발상에 빗대 코페르니쿠스적 전회Kopernikanische Wendung라고 했
다. 자신의 사상이 코페르니쿠스의 발상의 전환만큼이나 획기
적이라고 생각했던 것이다.

　나의 내면은 주관적이고, 외부 대상에는 객관적인 기준이 있
다는 게 이전까지의 일반적인 생각이었다. 하지만 칸트는 판단
의 기준을 대상에 두었던 기존의 방식에서 벗어나 주관에 두기
로 했다. 외부 대상 또한 우리가 보는 현상일 뿐 결코 객관적 기
준이 될 수 없다는 견해를 제시하며 오히려 주관이 가지고 있는
선험적 판단을 기준으로 세상을 바라보고 정리할 수 있다고 발
상의 전환을 한 것이다.

　'선험적'이라는 새로운 단어가 등장해 칸트 이론을 살짝 설명
하자면, 칸트는 경험에 원천을 둔 인식을 '후험적a posteriori'이라
하고, 감관感官의 모든 인상과 독립해 있는 인식을 '선험적a priori'

이라고 했다. 그리고 선험적인 인식 중에서도 경험적인 것이 전혀 섞이지 않은 것을 '순수하다'고 말한다(B3). 예를 들어 '식물'과 같은 개념은 우리가 경험하는 여러 식물들을 대상으로 하기 때문에 경험적 개념이다. 반면 직선, 사각형 같은 수학적 개념은 경험에서 완전히 독립된, 순수한 선험적 개념이다.

다시 본래의 이야기로 돌아와 무엇이 칸트를 발상의 전환으로 이끌었을지 생각해 보자. 칸트는 뉴턴의 과학을 깊이 있게 연구한 철학자였다. 그렇기 때문에 경험에서 얻는 자료를 중요하게 여겼다. 하지만 칸트가 보기에 경험론은 매번 달라지는 경험을 기준으로 삼기에 객관성을 획득할 수 없었고, 합리론은 인간 이성에 의지해 정합적인 객관성을 얻을 수는 있었지만 생득적 관념을 무조건적으로 믿는다는 점에서는 과학적이지 않았다. 칸트는 개념 없는 직관은 맹목적이라며 경험론을 비판했고, 내용 없는 생각은 공허하다며 관념론을 비판했다.

철학이란 정답이라고 믿었던 것도 의심하고 다시 생각하는 학문이다. 그래서 칸트는 남들이 가지 않는 제3의 길을 생각했다. 남들 다 가는 길을 의심해 보는 것, 그것이 곧 발상의 전환이고, 사상의 혁명은 여기에서 나온다. 한 가지만 보아서는 제3의 길이 나오지 않는다. 그래서 칸트는 인간이 가지고 있는 선험적 기준을 형이상학의 근본으로 보았고, 경험론과 합리론을 종합한 새로운 관념론을 탄생시켰다.

남들이 모두 "예스yes."라고 할 때, 나만 "노no."라고 하는 것만큼 어려운 일이 없다. 심지어 확실한 정답임에도 불구하고 남들이 그걸 오답이라고 하면 나 혼자 정답이라고 말하기는 쉽지 않다. 인간은 무리에서 소외받는 것을 마치 신체적 고통을 당하는 것과 동일한 괴로움으로 느낀다. 이러한 현상은 양떼 효과Herding Effect라는 심리학 용어로도 잘 알려져 있다. 무리지어 다니는 양떼처럼 여러 사람이 동일한 행동을 하면 이로 인해 개인의 판단력이 흐려지게 된다는 것이다.

오늘날 사람들은 어떤 관점으로 세상을 보고 있을까. 지금 우리 사회에 만연해 있는 문제 중 하나가 SNS(소셜 네트워크 서비스) 속 세상에 빠져 있는 것이다. SNS 안에는 슬픔이 없다. 좋은 곳에 가고, 좋은 음식을 먹고, 좋은 것을 산 행복한 순간을 담아 공유하는 게 SNS이다 보니 마치 그 세계가 평균이자 보통의 삶인 것처럼 느낀다. 그리고 많은 사람들이 서로가 서로에게 상대적 박탈감을 느낀다. 그렇게 평균이 상향된 세상을 보며 각자 뒤처지고 있다는 느낌에 사로잡히고 괴로워한다. 이럴 때 코페르니쿠스나 칸트처럼 의심하고 다시 생각해 보는 철학적 생각의 전환을 가져 보는 건 어떨까.

우리 사회는 오랫동안 성공 신화를 받아들이고 살아 왔다. 성공을 위해 도시로 모여들었고, 한정된 공간에서 더 높이 올라가기 위해 매일 치열하게 소리 없는 전쟁을 벌인다. 인간이 만든 문명에 마치 인간이 지배당한 듯한 기분마저 든다. 물론 여기서 벗어나기 위해 모두가 삶을 내팽개치고 산속에 들어가야 한다는 이야기를 하려는 것이 아니다. 도시의 삶을 벗어나기란 쉽지 않고, 새로운 문명과 끊임없이 조우하는 건 인간의 숙명이다.

다만 도시에 살더라도 분명 다른 삶을 살 수 있다. 모두가 성공이라 여기고 바라보는 일, 남들이 좋다고 하는 일에 무턱대고 같이 뛰어들기보다는 나의 관점에서 새롭게 세상을 바라보고 경험하자. 꼭 필요한 일이 아니라면 스마트폰을 내려놓고, 특정 시간만큼은 명상을 하며 내 안의 나를 발견할 수도 있을 것이다. 앉아서 차분히 하는 명상이 맞지 않는 사람은 몸을 움직이거나 운동을 하면서 명상을 할 수도 있다. 좀 더 적극적으로 도시에서 벗어나길 원한다면 자연과 가까운 곳에서 살아 보거나 자연과 도시를 오가는 삶을 꿈꿀 수도 있다. 도시를 좋아하는 사람이라면 그 안에서 무엇을 할 때 즐거운지를 생각해 볼 수도 있다. 중요한 건 다른 사람의 삶을 흉내 내지 않는 것이다.

발상의 전환, 생각의 전환이 지속 가능한 미래를 만드는 방법이 될 수 있다. 번아웃이 왔다면 그건 그만큼 열심히 살아왔다는 방증이다. 삶이 힘들고 어려울 때, 자신을 탓하지 말자. 그 대신에 하고 싶었지만 그동안 못 했던 게 무엇인지 떠올려 보자. 취미생활도 좋고, 새로운 공부를 시작해 보는 것도 괜찮다. 주변 환경이 내 생각을 옴짝달싹 못 하게 고정시켜 놓았던 건 아닌지 돌아보고 그 틀에서 벗어나 과감하게 시도하고 도전해 보자. 새로운 삶으로 나아가고 싶다면 일상을 혁명적으로 전환해야 한다.

Immanuel Kant

2부

어떻게 나를 바로 세울 수 있을까

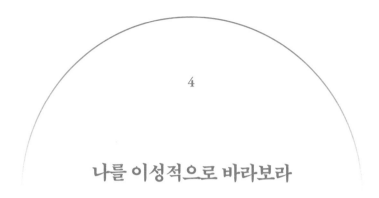

4

나를 이성적으로 바라보라

"정당한 주장을 펴는 이성은 보호하고, 근거 없는 모든 월권에 대해서는 이성의 영구불변적인 법칙에 의거해 거절할 수 있을 것을 요구한다."

이마누엘 칸트, 《순수이성비판》(AXII)

1976년 미국의 발달심리학자 존 플라벨John H. Flavell은 '자신이 아는 것과 모르는 것을 구분할 줄 아는 능력'을 가리켜 메타인지metacognition라는 용어를 처음 사용했다. 이는 이후 교육 분야로 뻗어나가 혁신을 불러일으켰다. 메타인지가 높은 아이는 문제해결능력이나 학업성취도 면에서 좋다는 결과가 나오면서 무조건 암기하거나 주입하는 형태의 교육이 아니라 나를 대상화해 자신을 학습시키고 스스로에게 '내가 알고 있는 것은 무엇이고 모르는 것은 무엇인가?'라는 질문을 던지도록 하는 학습법이 각광을 받게 된 것이다. 실제로 혼자 공부할 때보다 그룹으로 스터디를 할 때 학습 효과가 좋은 이유가 바로 메타인지가 가능하기 때문이라고 한다.

메타인지는 철학에서 낯설지 않은 개념이다. 16~17세기 프랑스 철학자 르네 데카르트Rene Descartes가 이미 '나는 생각한다. 그러므로 나는 존재한다Cogito ergo sum.'라는 말로 생각하는 존재로서의 나를 인식하는 메타인지의 길을 열었고, 결정적으로는 칸트가 통각統覺(나는 생각한다Ich denke)을 통해 '생각하는 나'를 반성적으로 고찰하는 것의 중요성을 강조했다. 그런 의미에서 칸트는 메타인지의 선구자라 할 수 있다. 그는 생각하고 있는 나를 반성적으로 바라보는 메타인지야말로 인간이 자기의식을 통합할 수 있는 근거이며, 사물을 객관적으로 판단할 수 있는 원천이라고 이야기했다.

칸트가 한창 학자로서 연구에 집중했던 1760~70년 당시 쾨니히스베르크의 학자들은 대부분 뉴턴의 물리학과 수학에 빠져 있었다. 칸트 역시 20대 초반부터 뉴턴 물리학과 천체 연구에 마음을 빼앗겼다. 그러나 연구를 하면 할수록 칸트는 철학,

즉 형이상학에 대해 확고한 믿음을 갖게 됐다. 다만 칸트가 느끼기에 철학은 중세를 거치고, 오랜 세월을 지나오면서 학문으로서 가졌던 자신의 자리, 즉 최고 권위를 잃은 듯했다. 그래서 칸트는 오직 철학, 즉 형이상학에 제자리를 찾아 주자고 결심했다. 이를 위해서는 1760년대 쾨니히스베르크에서 유명세를 얻고 있던 스웨덴의 신학자이자 과학자인 에마누엘 스베덴보리 Emanuel Swedenborg를 눈여겨보지 않을 수 없었다.

유령 보는 과학자 스베덴보리
경험으로 증명할 수 없는 정신세계

많은 이들이 스베덴보리에게 열광했던 데는 그만 한 이유가 있었다. 다름 아닌 그가 유령을 보기 때문이었다. 믿건 믿지 않건 예나 지금이나 샤머니즘은 흥미로운 주제다. 2024년 국내에서 개봉한 영화 〈파묘〉 또한 무당, 샤머니즘을 소재로 해 사람들의 이목을 끌었고, 웰메이드 영화로 천만 관객을 모았다.

그렇다 해도 칸트처럼 이성적인 철학자가 정말 무당 같은 사람에게 관심을 가졌을까 싶지만 이는 지금의 관점일 뿐이다. 당시 유럽은 종교가 지배하는 사회였다. 중세 이후부터 그때까지

신의 계시, 신성성 등이 사람들의 마음을 사로잡고 있었다. 형이
상학을 완성하려면 신과 영혼의 세계에 이성이 어디까지 관여
할 수 있는지를 밝혀야 하는데 혼 혹은 유령을 보는 사람이 있다
고 하니 아무리 칸트라 해도 신경이 쓰이지 않을 수 없었다. 실
제로 인간이 혼령을 보고 소통한다는 것이 밝혀지면 그건 곧 인
간의 능력 중 하나가 되고, 그렇다면 인간 이성의 능력은 자연스
럽게 과학의 세계를 벗어난다고 말할 수밖에 없다.

과학자였던 스베덴보리는 1744년 4월 6일, 부활절 예배를 마
치고 돌아온 그날 밤 처음으로 그리스도의 환상을 보았다. 이 일
이 있기 전까지는 과학자로서 과학적 인식을 위해 여러 분야에
서 노력했던 그였으나 그리스도의 환상을 본 뒤부터는 자신의
신비로운 통찰을 믿게 됐다. 그리고 1745년 영국을 여행하던 중
한 식당에 들어가 식사를 마쳤을 때 신비한 영적 체험을 하게 됐
는데 이때 그는 자신이 왜 선택받았는지 알았고, 이후에는 사람
들에게 성서의 정신적 의미를 해석해 주는 신학자로서의 소명
을 따르게 됐다. 영계의 이야기를 사람들에게 자세히 묘사해 주
곤 했던 그는 당시 유령 또는 망령과 친밀하게 교제한다고 많은
이들에게 알려졌다.

칸트는 이런 스베덴보리를 사기꾼으로 여기지 않았다. 칸트
역시 신과 영혼에 관해 깊이 숙고하는 사람이었기 때문이다. 다

만 스베덴보리의 이야기는 증명할 수 있는 것이 아무것도 없었다. 꿈에서 유령과 이야기를 나눴다거나 황홀한 상태, 즉 가상의 세계에서 신을 보았다는 이야기들뿐이었기 때문이다. 대신 칸트는 여기서 자신의 형이상학에서 경계해야 할 힌트 하나를 얻었다. 형이상학 역시 가상의 세계일 수 있다는 것이었다. 그는 스베덴보리를 통해 지금까지의 형이상학이 자신의 능력을 넘어 신과 우주와 영혼에 관해 너무 많은 것을 말하고 있었음을 깨달았다.

인간의 역사가 시작된 이래로 영혼을 보았다고 하는 사람들은 너무나 많다. 인간의 기록이 시작되면서부터 영혼에 대한 기록 또한 시작됐다고 해도 무방할 정도다. 단군 신화 속 단군도 하늘의 주인인 환인의 아들 환웅과 곰이 변한 여자 웅녀가 혼인해 낳은 자식이다. 우리 조상은 하늘을 모시고 곰을 섬기는 조상이었던 셈이다. 단군은 아마도 하늘의 뜻을 전하는 샤먼이자 곰을 토템으로 모시는 왕이었을 것이다. 샤머니즘의 세계는 그만의 법칙이 있다. 이를 전부 부정할 필요는 없다. 샤먼들은 고래古來부터 지금까지 조상들과 소통하며 자손들에게 길흉화복을 전해 주고 있다.

샤머니즘만큼이나 경험적으로 증명할 수 없는 것이 하나 더 있다. 19세기 스위스의 정신과 의사 카를 융Carl Jung이 말한 '집단 무의식collective unconscious'이다. 융 심리학의 중심 개념이라 할 수 있는 집단 무의식은 개인을 넘어 집단이나 민족에 공통적으로 나타나는 현상으로, 뱀을 무서워한다거나 높은 곳에 올라가면 소름이 끼치는 등의 일반적인 집단 무의식부터 석양에서 남근을 보는 등 특정 부족에서 공유되는 집단 무의식을 포함한다. 샤먼과 집단 무의식은 경험으로 증명할 수 없는 정신세계라는 점에서 공통점을 갖는다.

증명할 수 없다면 의심하라

칸트가 정립하려는 철학은 뉴턴의 자연 세계이자 수학의 세계이고 법정으로 시시비비를 가릴 수 있는 세계다. 칸트 당시 독일의 왕이었던 프리드리히 2세Friedrich II는 종교의 자유를 외친 사람이다. 이는 칸트에게도 큰 영향을 미쳤다. 계몽군주였던 프리드리히 2세 덕에 칸트는 종교에 얽매이지 않은 보다 자유로운 사유를 할 수 있었다. 종교적 자유가 없는 곳에서 사유는 자라지 않는다.

돌이켜보면 17세기 데카르트가 《제1철학에 관한 성찰》에서 '나는 생각한다. 그러므로 나는 존재한다.'라고 밝힌 것은 당시로서는 상당히 불경스러운 발언이었다. 하지만 데카르트는 믿음은 믿음의 영역, 학문은 학문의 영역이어야 한다고 생각했다. 데카르트 역시 가톨릭 신자였지만 학문의 근거는 신이 아니라 인간이어야 한다고 굳게 믿었고, 이로써 근대 철학의 아버지가 됐다. 모든 학문은 믿음과 분리돼야 성장할 수 있다.

인간은 근본적으로 이원론적인 존재다. 발은 땅에 붙이고 있지만 머리는 늘 이상을 향해 있다. 플라톤은 이상적인 이념 세계인 이데아idea와 현실 세계를 분리하고 이데아에 실재성을 뒀다. 그는 시시각각 변하는 현실 세계는 진리를 담보할 수 없다고 판단했고, 이상적인 이념 세계는 한 치의 오차도 허락하지 않는 명명백백한 수학적 세계로, 진리를 담보할 수 있다고 믿었다.

그러나 플라톤의 제자 아리스토텔레스는 스승의 말에 정면으로 반박했다. 아리스토텔레스의 주장을 한마디로 요약하면 '현실 감각 없는 소리는 집어치워라.'라는 것이었다. 우리가 잘 알고 있는 르네상스 시대 이탈리아의 화가 라파엘로 산치오Raffaello Sanzio의 그림 〈아테네 학당〉(56쪽)을 보면 중앙의 두 사람 중 왼편에 있는 대머리 노스승 플라톤은 손가락을 위로 치켜들고 있다. 반면 오른편에 있는 제자 아리스토텔레스의 손가락은 땅을 향하고 있다. 아무리 수학이 정확한 학문이고 이념이 불변하는 진리라 해도 우리가 살고 있는 곳은 이 땅 위라는 게 아리스토텔

라파엘로 산치오의 〈아테네 학당〉

레스의 생각이었다. 아리스토텔레스에 따르면 생명은 태어나고 살아가고 죽는다. 이를 무시한다면 진리는 무의미하다.

플라톤이 현상계와 이데아계를 나눠 '자연의 세계'와 '정신의 세계'를 분리한 이후, 이 대립되는 두 세계의 통합에 대한 요구는 지속적으로 있어 왔다. 여러 철학자들이 어느 한쪽을 우위에 두고 두 영역을 통일하고자 하기도 했고, 아예 한 영역을 다른 영역으로 소환하기도 했다.

하지만 칸트는 자연과 정신의 영역을 명확하게 구분하되 두 세계 사이에 다리를 놓고자 했다. 두 세계를 결코 어느 한쪽으로 환원할 수 없다고 생각했기 때문이었다.

칸트의 이런 시도는 근대 계몽주의의 산물이었다. 칸트의 생각이 여기에 다다르기까지 가장 큰 영향을 준 것은 영국의 철학자이자 경제학자인 데이비드 흄David Hume이었다.

플라톤과 아리스토텔레스 이후 중세의 교부 철학(기독교 신학을 바탕으로 한 철학)은 초기에는 플라톤적 이념을 종교 철학의 기본으로 삼다가 결국 현실 세계를 설명하지 못 하는 난점에 부딪혀 아리스토텔레스의 철학을 도입해 신이 창조한 세계를 설명했다. 칸트는 그 과정에서 철학이 신학과 뒤섞였고, 자기 자리를 잃어버렸다고 여겼다.

그 당시 쾨니히스베르크에는 데카르트, 크리스티안 볼프Christian Wolff 등으로 대변되는 합리론적 전통이 강하게 뿌리 내리고 있다. 칸트 역시 초기에는 수학에 기초한 천문학, 뉴턴의 자연과학 등을 연구하며 합리론을 기반으로 자신의 철학을 구축했다. 그러던 차에 영국 경험론의 전통에 기반을 둔 흄의 회의론을 접하면서 경험을 기반으로 세상을 의심하고 회의하는 방법론의 세계를 만나게 됐다.

흄은 합리주의의 본유사상(본래 인간이 가지고 태어나는 관념 등)을 부인하며 철저히 경험을 통해 인상을 가질 수 있는 것만을 인정했다. 대신 합리론자들이 당연시했던 실체를 부정하고, 신 개념을 부정하고, 인과관계를 부정했다. 이런 흄의 사상을 접한 칸트는 자신이 종교처럼 믿었던 철학의 모든 게 무너져 내리는 기분이었다. 모든 걸 새롭게 시작해야 할 때 흄의 회의론이 칸트에게 찾아온 것이었다. 그렇게 자신이 가지고 있던 신념을 다시 이성적인 눈으로 바라보게 됐고, 새로운 사상을 정립할 수 있었다.

칸트는 철학적으로는 아리스토텔레스를 기반으로 하면서도 이성의 능력이 어디까지인지를 철저히 밝힌 근대 철학자다. 흄이 없었다면 칸트는 그저 그런 철학자로 남았을 것이다. 그가 '직관 없는 개념은 공허하고, 개념 없는 직관은 맹목적이다.'라고 외칠 수 있었던 건 바로 흄 덕분이었다. 직관이란 감각을 통해 대상을 직접적으로 파악하는 것을 말한다. 눈으로 직접 보거나 귀로 듣고 손으로 만져 보지 않고 어떻게 개념을 세울 수 있단 말인가. 또한 개념을 만들어 놓고 무조건 그 개념이 맞다고 하는 건 나무토막을 가져다 놓고 신이라며 믿는 맹신자와 다름없다.

인간이란 본래 이성적이기 어렵다. 샤머니즘이든 집단 무의식이든 환상에 쉽게 현혹되고 매력을 느낀다. 하지만 나를 바로 세우기 위해서는 자신을 이성적으로 바라볼 필요가 있다.

'내 능력이 어디까지인지 늘 고민하며 시험해 보는 자세를 갖는 것, 그것이 바로 늘 의심하며 새로운 길을 개척하는 인간, 빛나는 삶을 살아가는 인간이 아닐까.'

300년 전 칸트가 오늘을 사는 우리에게 던지는 메시지다.

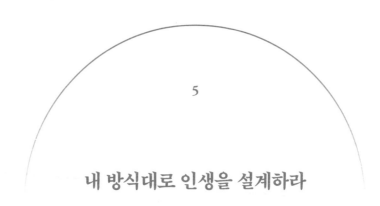

5

내 방식대로 인생을 설계하라

"직관은 오로지 우리에게 대상이 주어질 때만 생긴다."

이마누엘 칸트, 《순수이성비판》(A19)

'제 눈에 안경'이라는 말이 있다. 객관적으로 예쁘거나 멋있는지 그렇지 않은지와는 별개로 누군가를 예쁘거나 멋있다고 말하는 사람을 보며 흔히들 하는 말이다. 이 말이 칸트 철학과 연결된다면 믿어질까.

칸트 철학에 따르면 우리 모두 '제 눈에 안경'으로만 세상을 볼 수 있다. 애초에 '객관적으로 예쁘고 멋있는 것'이란 실재하지 않는다. 즉, 내가 '예쁘고 멋있는 것'이라고 느끼면 그게 바로

'진짜 예쁘고 멋있는 것'이라는 말이다. 진짜는 특정 대상에 있는 것이 아니라 내가 보는 것에 있다는 것이 칸트의 생각이었다. 즉, 진리는 대상에 있지 않고, 내가 구성하는 것이다.

인간이 세상의 중심이 되다

칸트에 의하면 인간은 세상을 파악하는 잣대를 가지고 태어난다. 그 잣대는 감성의 형식인 시간과 공간 그리고 열두 개의 범주다. 이는 인간이 배워서 아는 것이 아니라 이미 태어날 때부터 갖고 있다. 이런 형식을 통해 인간은 세상을 느끼고 감각하고 알아본다. 시간을 통해 연속이라는 개념을 갖게 되고, 공간을 통해 서로의 곁에 놓여 있는 장소라는 개념을 터득하며, 양과 질, 관계, 모양 등을 파악한다. 칸트에게 인간이 파악하지 않는 세상은 아무 의미가 없다.

혹자는 '인간이 모두 사라져도 세상은 남지 않는가.'라고 이야기할지 모른다. 인간이 없는 세상은 어떤 의미가 있을까? 한 자연 다큐멘터리에서 인류 멸망 후 가장 오래 살아남을 좋은 곤충이라는 이야기를 들은 적이 있다. 즉, 인류세人類世, Anthropocene 이후에 '곤충의 세상'이 온다는 것인데 그건 곤충에게나 의미 있는 세상이 아닌가? 1980년대 미국의 생태학자 유진 스토머Eugene Stoermer가 처음 사용한 용어인 인류세는 인간이 지구 환경이나 역사에 영향을 주기 시작한 때로부터 지금까지의 시대를 가리킨다. 인류세 이후에 온다는 곤충의 시대, 인섹토피아insectopia는 곤충에게 의미 있는 세상인 만큼 곤충이 구성해야 옳을 것이다. 예상컨대 곤충은 인간처럼 과학 문명도 필요 없고 그저 자연 그대로의 풀, 나무, 물, 하늘만으로 족할 것이다. 그걸 곤충이 무어라 느끼고 생각할지는 모르겠다.

지금까지 인간의 역사에서 인간이 구성해 온 세상은 인간에게 의미 있는 세상이다. 이 세상을 의미 있게 구성하는 주체 또한 우리 인간이다. 그 자체로서의 사물은 그저 의미를 따질 수 없는 그것it일 뿐 그것이 무엇인지에 대한 의미 부여는 현상으로 나타난 것을 보고 인간이 결정한다는 것이 칸트의 입장이다.

감성·지성·이성으로 인지

칸트는 먼저 인간의 인식 능력을 셋으로 나눈다. 외부로부터 오는 자극을 받아들이는 수동적 수용 능력인 '감성感性', 감성이 받아들인 내용(지각)에 대해서 사유하는 능력인 '지성知性', 초감성적인 것에 대해 사유하는 능력인 '이성理性'이다.

다시 영화 〈파묘〉 이야기를 해 보자. 영화에는 남자 무당 봉길 (이도현 분)이 일본 귀신에게 상해를 입고 그 귀신에 빙의해 입원 해 있는 장면이 나온다. 여자 무당 화림(김고은 분)과 풍수사 지 관(최민식 분)은 봉길을 구하기 위해 일본 귀신을 처치하러 나섰 고, 봉길이 입원해 있는 병실에는 성인 여자 무당 오광심(김선영 분)과 어린 여자 무당 박자혜(김지안 분)가 남았다. 살아 있는 닭 한 마리와 함께. 화림은 병원에 있는 두 무당에게 만약 봉길이 위험해지면 닭을 죽이라고 부탁한다.

여기서 '닭'의 의미를 생각해 보자. 수동적 수용 능력인 '감성' 으로 받아들이면 이는 털을 가진 가금류, 그야말로 닭이다. 어 린 여자 무당 박자혜는 닭을 쓰다듬으며 무척 귀여워했다. 그에 게 닭은 부드러운 털을 가진 작고 가련한 존재일 뿐이었다. 그러 나 감성이 받아들인 지각에 대해 사유하는 '지성'은 이 닭을 죽 일 경우 병원 바닥에 피가 낭자할 것이고, 그것을 치우는 데 수 고를 들여야 한다는 것까지 생각할 것이다. 성인 여자 무당 오광 심은 박자혜에게 닭에게 정을 주지 말라고 한다. 어차피 제물로 바쳐질 닭을 마냥 귀여워해서는 안 된다는 것이다. 영화 속 세계 관에 따르면 닭은 봉길에게 씌워진 귀신의 혼을 옮겨 봉길 대신 죽여야 하는 영적 존재다. 초감성적인 것에 대해 사유하는 능력인 '이성'은 빙의돼 있는 봉길을 살리기 위해 봉길에게 씌어 있는 귀신의 혼을 닭에게 옮겨 닭의 목을 찌를 준비를 하고 있다.

도대체 닭의 의미는 무엇일까. 지성으로 파악하기로는 가금류의 새이지만 초감성적으로는 제의에 사용되는 제물이다. 샤머니즘에서 닭은 제물로 자주 사용된다. 닭은 박자혜에게는 잠깐 조류였지만 상황이 악화되자 샤머니즘의 세계로 넘어와 의미가 확장됐다. 사실 초감성적인 세계는 종교적인 세계로서 그 의미를 현실 세계에서 증명할 수 없다. 우리가 증명할 수 있는 건 다만 감성과 지성의 세계다.

칸트가 보기에 참된 인식이란 감성계, 즉 경험적 관념들의 세계인 현상계에서 이뤄진다. 칸트와 정반대로 진리를 설명하는 플라톤이 이 말을 들었더라면 많이 불편했을 것이다. 시시각각 변하는 이 현상계에서 참된 인식이라니! 플라톤은 차라리 모래사장에서 바늘을 찾는 것이 낫다고 할 것 같다.

그러나 인간은 현실이라는 지반을 떠나서는 어떠한 실험과 관찰도 할 수 없고 검증 또한 할 수 없다. 칸트가 꿈꾸는 철학은 과학적 세계를 설명하는 학문이다. 당연히 진리는 현상계에서 찾는 게 마땅하다. 단, 삶에는 상상력도 필요하다. 상상력은 삶의 원동력이다. 인간은 결국 상상력을 발휘해 무언가를 꿈꾸고 만들어 내고 발전시키며 살아간다. 상상력이 없는 인간은 한낱

인공지능에 불과한 기계일 뿐이다. 내가 어린 시절에 보았던 만화 속 화상 전화와 인공지능은 당시 그저 공상 과학이었다. 그런데 지금은 현실이 됐다. 현실과 상상력의 만남으로 이뤄지는 조화로운 세상, 그것이 칸트가 생각했던, 그리고 인간이 구성한 세계다.

칸트에게 순수이성이 검증할 수 있는 인간의 능력은 감성과 지성뿐이다. 신, 영혼 불멸 등 초감성적인 것을 사유하는 능력인 이성은 이른바 과학적 인식이 아닌 초감성적 세계에 관여한다. 도덕 역시 검증할 수 있는 세계의 진리는 아니다. 따라서 순수이성의 세계를 넘어서 존재하는 진리인 도덕의 영역은 실천이성으로 자리를 옮겨 다뤄진다.

무엇을 좋아하는지 아는 것

그렇다면 내가 구성하고 설계할 인생은 어디에 있어야 하는가. 당연히 현실에 굳건하게 발을 딛고 있어야 한다. 그러니 감성과 지성을 이용해 나만의 삶을 설계해 보자.

청소년 자녀를 둔 부모들을 가끔 만나 상담해 보면 근래 들어 가장 큰 고민은 아이들이 무엇을 좋아하는지 모르겠다는 것이다. 뭔가 명확하게 좋아하는 게 있으면 부모들도 아이의 뜻에 따라 도와주고 싶다고들 말한다. 의대를 갈 정도로 공부를 잘하지 못할 바에야 뭔가 좋아하는 전공을 살려 입시 준비를 하면 좋겠는데 아이들이 자기들도 뭘 좋아하는지 도무지 모르겠다고 한다는 것이다. 그런데 사실 따지고 보면 공부 잘해서 서울에 있는 대학교를 나와 그럭저럭 서울에서 직장을 다니는 성인들의 경우라고 다를 건 없다. 자신의 적성에 맞는 직업을 가지고 하루하루 즐겁게 일하고 있는 성인이 얼마나 될까.

도대체 어디서부터 잘못된 것일까. 교육의 첫 단추가 잘못 끼워지고 있는 현실이 가장 큰 문제다. 어디에 흥미를 갖는 아이인지, 무엇을 좋아하는지 알아보는 교육부터 시작해야 하는데 연산부터, 글 읽기부터 시작한다. 악기를 직접 두드려 보고 노래도 불러 보고 자연에서 식물과 동물을 만져 보며 뭘 하고 싶은지부터 꿈꿔 보고 배움을 시작해야 하는데 모두 천편일률적으로 '공부'를 시작하는 것이 문제다. 그러니 정작 진로를 결정해야 하는 청소년기가 오면 무엇을 해야 할지 모르는 딜레마에 빠진다. 그러다가 컨설팅 전문가의 조언에 따라 대학교에 가서 그럭저럭 졸업을 하고 또 남들처럼 스펙을 쌓다가 취업을 하는 인생을 산다. 그렇게 문득 중년이 되면 '나는 뭐지? 왜 살아야 하지?' 하며 우울감이 찾아온다.

지금이라도 늦지 않았다. 칸트는 인생의 기준이 외부에 있지 않다고 했다. 인생의 기준은 내 안에서 찾아야 한다. 아이를 키우는 부모라면 끊임없이 아이가 무엇을 좋아하는지 살피고 그에 대해 함께 꾸준히 이야기하며 아이 스스로 인생을 설계할 수 있도록 도와주자. 성인이라면 이미 너무 많이 쌓은 커리어 때문에 한꺼번에 인생의 길을 바꿀 수는 없다. 그렇다면 내가 하고 싶은 공부나 취미를 적극적으로 시작해 보자. 그걸 원동력으로 삶의 의미를 찾으며 새로운 인생을 설계할 수 있다.

공부라고 해서 거창할 필요는 없다. 꼭 자격증을 따는 공부일 필요도 없다. 역사 공부를 할 수도 있고 생물학 공부를 할 수도 있다. 나는 어려서부터 생물 과목을 좋아했는데 수학을 못하는 바람에 전공을 이과 쪽으로 할 수가 없었던 것이 몹시 후회가 된다. 그래서 틈틈이 생물 관련 다큐멘터리나 책을 읽으며 힘을 얻는다. 행복한 삶은 돈 많은 부자에게만 있는 것도, 화려한 연예인에게만 있는 것도 아니다. 내가 설계한, 세계 유일의 내 삶 속에 있다.

칸트는 인생의 기준이 외부에 있지 않다고 했다.
인생의 기준은 내 안에서 찾아야 한다.

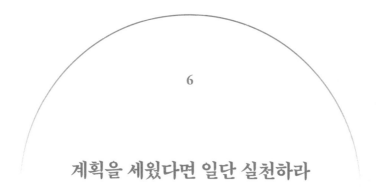

6

계획을 세웠다면 일단 실천하라

"대상들 일반에 대한 우리의 선험적 개념을 다루는 모든 인식
을 초월적이라고 부른다."

이마누엘 칸트, 《순수이성비판》(A12)

요즘 사람들은 잘 이용하지 않는 것 같지만 한 해가 시작될 때면
나는 늘 다이어리를 샀다. '다이어리 꾸미기' 같은 것이 유행이
라는 걸 보면 많은 것이 디지털화한 요즘에도 다이어리를 사서
쓰는 사람들이 없지는 않은가 보다. 새해에 대한 기대로 다이어
리를 구입하지만 그해의 마지막 날에 들춰 보면 늘 1월에만 메
모가 빼곡하고, 나머지 페이지는 백지일 때가 많다. 다이어리를

구입한 적 있는 사람이라면 누구나 공감할 것이다. 그만큼 1월에는 한 해 동안 실천하고 싶은 소망과 열정이 가득했던 것이라고 봐도 무방하다.

하지만 스마트폰이 모든 스케줄을 알아서 관리해 주는 오늘날에는 어쩐지 현실만 살고 있다는 생각이 든다. 다이어리를 쓸 때는 계획을 많이 세웠던 것 같은데 스마트폰에는 미래에 대한 계획을 쓸 공간이 없다. 스마트폰의 주된 기능은 반복되는 일상을 놓치지 않게 알려 주는 알람, 가까운 미래의 약속이나 스케줄 알림이기 때문이다. 그러다 보니 내가 이미 정해 놓은 루틴을 하루하루 실천하기에는 스마트폰만 한 게 없다. 적절히 이용하면 좋겠다.

하지만 내 인생을 담는 기능에는 조금 부족함이 있다. 미래에 대한 계획은 현실을 뛰어넘어야 가능하다. 예전의 어른들은 아이들에게 흔히 "이다음에 커서 뭐가 되고 싶니?"라고 묻곤 했다. 현실만 살아서는 '이다음'은 존재할 수 없다. '이다음'으로 가길 원한다면 우리는 현실을 '초월'해야 한다.

나의 생각 방식을 넘어서다

'초월'은 주로 무언가를 '넘어서다'라는 뜻으로 쓰인다. 그게 무엇이든 넘어선다는 건 쉬운 일이 아니다. 우선 나는 나의 생각 방식을 넘어서기 어렵다. 특히 나이가 들수록 자신이 생각하는 틀을 넘어선다는 게 점점 더 어려워진다. 그러니 유연하지 못 한 사고방식을 가진 나이 든 사람을 비하하는 '꼰대'라는 말이 나오게 된 것이다.

나이 든 사람들은 나이 든 사람 나름대로 할 말이 있다. 본인이 살아온 '경험'에 의하면 지금껏 자신이 틀린 적이 없었다는 것이다. 이만큼 본인에게 확실한 증거가 어디 있겠는가. 그러니 자신의 경험만 믿고 고집을 부리는 사람과는 대화하기가 어려운 법이다. 그런데 만약 부부가 둘 다 고집이 강하다면? 그렇게 함께 나이를 먹어 가며 싸움을 계속한다면? 그러면 어떻게 될까? 답은 황혼 이혼밖에 없다. 젊어서는 아이들 때문에 어쩔 수 없이 살았다지만 늙어 견고해진 고집을 서로 주장하면서 싸우는 데는 답이 없다. 조용히 헤어지고 평온한 노후를 맞이하는 것이 개인의 행복을 위해서는 옳을지도 모른다.

때로는 자신의 경험보다 더 중요한 것이 있다. 경험을 넘어서는 지혜, 연륜이라는 것들이다. 지혜나 연륜은 개인의 경험에만 있지 않다. 인류의 유산일 수도 있고 보편적인 도덕일 수도 있다. 인류의 유산은 흔히 속담이나 격언 등으로 우리에게 남아 있다. 우리 조상들은 예부터 '옛말 그른 거 하나 없다.'라는 말을 자주 해 왔다. 그만큼 보편적인 이야기 속에 진리가 담겨 있다는 말일 것이다.

경험을 초월해 세상을 설명하는
칸트의 초월철학

칸트의 철학을 흔히 '비판철학' 또는 '초월철학'이라고 부른다. 비판철학이라고 부르는 이유는 이성 비판을 통해 이성의 지위를 회복하고 되찾고자 하기 때문이다. 초월철학이라고 부르는 이유는 모든 경험 이전에 놓인 경험의 조건들을 해명하는 것이 칸트의 목적이었기 때문이다. 칸트가 말하는 '초월적transzendental'이란, 경험 이전에 놓인 경험의 조건들을 말한다.

칸트 이전에도 초월 개념은 있었다. 중세 철학에서 초월자는 유와 종의 구분과 한계를 넘어서며, 존재하는 모든 것에 대해 제한 없이 타당한 존재의 최종 근거 규정으로 이해된다. 예를 들어 플라톤의 이데아, 중세 철학의 공통존재자ens, 하이데거의 존재자_sein 등은 세상의 모든 존재하는 것들을 존재하게 하는 근거들이다.

이데아, 공통존재자, 존재자 등의 개념들은 모두 무언가를 초월해 있는 근본적인 것들이다. 이 개념들은 세상의 변화하는 경험적인 것들을 가지고 시시비비를 가릴 그런 종류가 아니다. 초월적인 것들은 이념과 가까운 것이어서 정신으로만 접근할 수 있으며 불변적이다. 철학은 개별 사물들을 가지고 어떤 것이 맞냐 그르냐를 가리는 학문이 아니다. 개별 사물들에 관한 학문은 개별 과학이 담당한다. 그런 점에 있어서 칸트가 보기에 경험론은 확실한 학문적 근거가 되지 못 했다. 경험은 늘 변화하며 각자 주관적인 인상으로 남기 때문이다. 그럼에도 불구하고 칸트가 경험론자 흄에게 매료됐던 건 관념론이 그동안 철벽처럼 옹호하고 있던 근본 개념들에 대해 경험을 통해 의심해 보자는 발상의 전환 때문이었다. 칸트가 보기에는 관념론 또한 확실한 학문적 근거가 되지 못 했다. 관념론은 현상의 중요성은 인정하지 않고 생득적인 관념들, 예를 들어 신의 관념과 같은 것을 무조건적으로 믿기 때문이었다.

그렇다면 칸트는 왜 초월철학이 경험론, 관념론과 다르게 학문적으로 의심의 여지가 없다고 여겼을까. 칸트는《순수이성비판》서론에서 자신의 초월철학은 '대상들을 다루는 것이 아니라 대상들 일반에 대한 우리의 선험적 개념을 다루는 모든 인식을 초월적이라 부른다.'(A12)라고 밝힌다. 하지만 모든 선험적 인식이 초월적인 것은 아니다. 칸트는 뒤에 인식을 가능하게 하거나 인식을 선험적으로 사용하게 하는 그러한 인식을 초월적이라고 해야 한다고 분명하게 밝혔다(B80). 다시 말해 초월철학은 대상들 그 자체를 다루는 경험론은 아니지만 대상 일반과 관련하기 때문에 대상들과 관련하지 않을 수 없고, 선험적 관념을 다루지만 대상과 관계되기 때문에 그간의 관념론과는 다르다. 예를 들어 공간 표상의 경우, 그건 초월적 표상이 아니다. 공간 표상이 전혀 경험에 근원을 두고 있지 않다는 인식과, 그러면서도 그 표상들이 경험의 대상들과 선험적으로 관계 맺을 수 있다는 가능성만이 초월적이라는 것이 칸트의 해석이다.

칸트가 말하는 초월적 인식이란 일단 '경험적이지 않은 원천'을 가져야 한다. 그리고 '그럼에도 불구하고 그것들이 어떻게 선험적으로 경험의 대상들과 관계될 수 있는가의 가능성'을 보여주어야 한다. 이렇게 되면 전제는 경험이 아니라 선험적인 것이다. 즉, 경험과 관계가 없는 것이다. 다시 말해 경험론의 전제들은 제외가 된다. 그렇다면 '경험과 관계가 없는 수학과 물리학은 초월철학인가?' 하는 의문이 생긴다.

수학과 물리학은 초월철학이 아니다. 왜냐하면 경험의 대상과 관계하지 않기 때문이다. 칸트는 경험의 대상과 관계하지 않는 것은 초월철학의 범주에 넣지 않았다. 왜일까? 경험의 대상과 관계하지 않는 것은 세상을 의미 있게 설명하는 데 도움이 되지 못 하기 때문이다. 수학과 물리학도 중요한 학문이자, 칸트가 철학의 바탕으로 삼았던 학문이지만 아리스토텔레스가 주장했듯 세상에 발붙이고 사는 우리와는 동떨어진 진리들이니 우리에게 진리의 학문이 되기는 어렵다.

나의 경험을 선험과 연결시켜라

칸트에게 초월적 의미에서 논리학은 '진리의 논리학'(B87)이다. 일반적인 논리학은 귀납적 논리학이나 연역적 논리학을 말한다. 귀납적 논리학은 어떤 물체의 1부터 100까지의 개체를 검사한 뒤 일반적으로 어떤 물체의 모양은 평균적으로 '어떠어떠하다.'라고 말하는 것이다. 우리가 흔히 까마귀가 까맣다고 하는 것은 지금까지 보아 왔던 까마귀 색이 검정이었기에 귀납적으로 결론을 내린 것이다. 연역적 논리학은 대전제를 정해 놓고 그 대전제로부터 참인 결론을 이끌어 낸다. 가장 유명한 연역 논리인 '모든 사람은 죽는다', '소크라테스는 사람이다', 그러므로

'소크라테스는 죽는다'는 결코 오류일 수가 없는 연역 논리다.

살면서 부부싸움 한번 하지 않는 부부는 아마 거의 없을 것이다. 서로 내가 옳다고 주장하는 그런 상황에서는 누군가가 이 장면을 보고 판결을 내려 줬으면 하는 마음이 간절해진다. "길을 막고 물어봐. 누구 말이 맞나!"라는 말이 부부싸움의 레퍼토리가 된 것도 그 때문일 것이다. 꼭 부부싸움이 아니더라도 누군가와 다툴 때 내뱉고 싶어지는 말이기도 하다.

심리학에서는 이와 같은 생각을 '제3자 퇴행논변'이라고 한다. 사람들은 다툼이 발생하면 타인의 중재를 원하는데 그 타인인 제3자는 아무리 소환해도 끝이 없다는 것이다. 왜냐하면 제3자를 불러온다 하더라도 그 사람이 누군가의 편을 들어 버리면 다른 한 편에서 승복하지 않을 것이기 때문이다. 예를 들어 길에서 A와 B 사이에 말다툼이 생겼다. 이때 제3자 C가 A의 편을 들면 B는 C에게 A와 똑같은 사람이라며 다른 사람을 데려와야 한다고 할 것이다. 그렇게 해서 데려온 또 다른 제3자 D가 B의 편을 들면 이번에는 A가 D에게 B와 똑같은 사람이라며 다른 사람을 데려와야 한다고 할 것이기 때문에 결국 제3자로는 중재될 수 없다. 경험의 세계에서 다툼은 이토록 주관적이고 끝없이 이어진다. 자신의 잘못은 자신이 가장 못 본다. 반면 남의 잘못은 한없이 크게 보인다.

칸트는 학문의 세계에서, 특히 철학의 세계에서 다툼의 여지가 없는 명확한 과정과 결과를 추구했다. 그러면서도 세상에 대한 새로운 지식을 추구하는 그런 학문을 열망했다. 그것은 계몽주의자로서 당연한 사유의 결과였다. 그리고 결과물이 바로 칸트의 초월철학이다. '학문의 결과가 정확하고 다툼의 여지가 없으려면 경험과 관련 없이 선험적이어야 한다.' 그것은 칸트에게 선험적인 범주와 선험적인 표상으로 갖춰져 있다.

하지만 칸트는 그것만으로 만족할 수 없었다. 새로운 지식을 생산하려면 경험 일반을 선험적인 것과 연결시켜야만 했다. 선험적 원리는 경험과 결합돼 세계의 지식을 확장시킬 수 있다. 이것이 칸트 초월철학의 단초다.

다시 다이어리 이야기로 돌아가 보자. '다이어리'는 '형식'이다. 형식이 어떻든 우리에게 중요한 건 다이어리가 담고 있는 '계획'이라는 '내용물'이다. 이때 계획이란 루틴을 정하는 계획도 있고, 저 멀리 미래를 바라보는 계획도 있을 것이다. 이 두 가지는 모두 중요하다. 미래만 바라보고 현실을 초월하는 계획만 생각하면 실제 목표를 이루기는 어렵다. 반면 미래의 목표 없이 오늘만 살다 보면 지금 하고 있는 일의 의미를 찾기 어렵다.

그럼에도 불구하고 우선은 무언가 '하는 것'이 좋다. 내가 이

루고 싶은 미래를 떠올리며 오늘 할 수 있는 게 무엇인지 적어 보자. 스마트폰에 알람을 울리도록 해 놓으면 지금 무얼 해야 하는지 바로 알 수 있다. 이런 작은 실천이 늘 새로운 삶을 시도할 수 있는 동력이 된다. 날마다 루틴을 실천할 수 있는 계획을 세우고 당장 실천하라. 그래야 비로소 먼 미래의 계획도 이룰 자격이 생길 것이다.

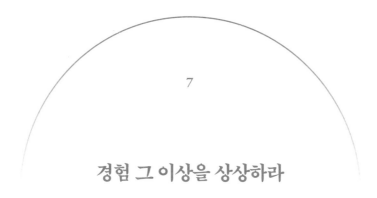

7

경험 그 이상을 상상하라

"경험 자체가 우리를 뒤쫓아 올 수 없을 만큼 멀리까지 넘어가야만 한다."

이마누엘 칸트, 《순수이성비판》(B18)

칸트는 발상의 전환을 강조하는 철학자다. 그는 《순수이성비판》에서 어떤 개념을 설명하기 위해 다음과 같이 묻는다.

'7+5=12'는 어떤 의미인가?

사람 놀리나 싶은 생각이 들기도 하고, 괜히 뭔가 심오한 뜻이 있을 것 같기도 한 질문이다. '7+5=12' 정도는 초등학생도 풀 수 있을 정도로 쉬운 연산이기 때문이다. 그런데 이 숫자를 좀 올려 보면 생각이 달라진다.

'43,789+57,386=?'

암산 왕이 아니고서는 한눈에 답을 알기 어렵다. 결국 수학의 명제는 '선험적 종합판단'이라고 칸트는 이야기한다.

칸트 철학을 좀 들여다본 사람이라면 한번쯤 들어봤을 개념이지만, 일반 대중에게는 그저 말만 한국어지 외계어에 가까운 개념이다. 하지만 철학은 원래 어렵다. 칸트 자신도 이 개념을 해명하는 것은 '형이상학자들의 십자가'(《프롤레고메나Prolegomena》, 29절)라고 할 정도였으니 일반인들에게 이 말이 외계어로 들리는 건 지극히 당연한 현상이다. 그럼에도 불구하고 이 개념은 칸트의《순수이성비판》에서 가장 핵심 주제다.

지식을 확장시키는 방법

앞서 말했듯 인간에게 주어진 인식 능력에는 감성, 지성, 이성이 있다. 이번에는 이런 인식 능력들을 가지고 칸트가 추구하고자 했던 본질적인 목적은 무엇인지 밝혀 보고자 한다.

모든 학문적 인식은 판단의 형식을 취한다. 칸트는 종래의 형이상학이 학문적으로 내렸던 판단들에 문제가 있다고 생각했다. 어떤 판단은 독단적이고, 어떤 판단은 전혀 새롭지 않다는 것이다. 학문적 인식이 의미를 가지려면 필연적이고 보편적이어야 하며 동시에 세계에 대한 지식을 확장시켜야 한다. 다시 말해 학문적 지식은 선험적이면서도 종합판단이어야만 한다는 것이다. 이것을 밝히기 위해 칸트는 《순수이성비판》에서 '선험적 종합판단은 어떻게 가능한가?'를 묻는다. 칸트는 선험적 종합판단을 통해 세계에 대한 새로운 정보를 제공하면서도 보편성과 필연성을 갖는 판단이 어떻게 가능한지 따져 보았다.

'선험적 종합판단'이라는 산맥을 넘기 전에 판단의 종류를 알아보자. 판단에는 분석판단과 종합판단이 있다.

분석판단은 주어 개념이 술어 개념을 포함하는 판단이다. 칸트는 분석판단을 설명하기 위해 '모든 물체는 연장적이다.'라는 문장을 예로 들었다. 연장적이라는 말은 일상적으로 사용하지 않지만 공간의 일정 부분을 점유한다는 뜻이다. 쉬운 이해를 위해 다른 말로 바꿔 보면 '결혼하지 않은 남자는 총각이다.'와 같은 맥락이다. 물체는 공간을 차지하고 있으니 주어에 술어가 포함돼 있는 것이고 결혼하지 않은 남자는 총각이니 주어에 술어가 포함돼 있다. 그러므로 두 문장 모두 주어에 술어가 포함되어 있는 판단이다. 이런 판단들이 바로 분석판단이다. 동어반복이라 할 수도 있다.

이와 달리 종합판단은 주어와 술어가 관련은 있지만 주어 개념 안에 술어 개념이 포함되지 않은 판단이다. 그렇기 때문에 술어 개념이 주어 개념에 부가적인 정보를 더해 준다. 예를 들어 '모든 물체는 무겁다.'와 같은 명제는 '모든 물체는 연장적이다.'와 같은 분석판단과는 성질이 다르다. 왜냐하면 '모든 물체'에 '무겁다'라는 개념이 포함돼 있지 않기 때문에 경험적으로 확인해야 한다. 따라서 이 문장은 지식을 확장시켜 주는 종합판단이다. '이 사과는 파랗다.'라는 경험적 문장에서 '이 사과'의 색이 어떤지는 경험적으로 판단해야 알 수 있다. 경험판단은 무조건 종합판단이다. 따라서 칸트는 종합판단만이 지식을 확장시켜 주는 판단이라고 생각했다.

왜 선험적 종합판단을 해야만 하는가

앞에서 이야기했던 연산을 다시 상기시켜 보자. 칸트는 '7+5

=12'와 같은 명제를 선험적 종합판단이라고 말한다. 하지만 '7+5=12'를 분석판단으로 생각하기 쉽다. 왜냐하면 숫자가 작아 금세 암산할 수 있어서 주어와 술어가 같다는 게 한눈에 보이기 때문이다. 그런데 '43,789+57,386=?'은 어떤가? 한눈에 답이 보이지 않는다. 암산에 능한 사람이 아니면 한눈에 답을 맞히기는 어렵다. 답을 구하기 위해서는 계산을 할 일정 시간이 필요하다. 비록 수는 선험적일지라도 계산은 종합적일 수밖에 없다. 따라서 수학은 선험적 종합판단이다.

순수 기하학의 원칙 역시 선험적 종합판단이다. 기하학적 판단은 절대 경험적이지 않다. 우리가 점을 찍을 수 있다고 생각하지만 점은 위치만 존재하는 이념적인 것이다. 펜으로 점을 찍는 순간 면적이 생긴다. 또 삼각형을 정확하게 그릴 수 있다고 생각하지만 그것 역시 부정확한 삼각형일 뿐이다.

그렇다면 칸트는 왜 철학에서 선험적 종합판단을 해야 한다고 생각했을까? 칸트가 '형이상학에서는 선험적 종합 인식들이 포함돼 있어야만 한다.'(B18)라고 보았던 것은 형이상학이 해야 하는 일은 사물에 대한 개념을 만들고 그것을 분해해 분석적으로 해명하는 것이 아니라, 우리의 선험적 인식을 확장하는 것이기 때문이다.

또한 칸트는 형이상학의 이런 확장의 노력은 '경험 자체가 우

리를 뒤쫓아 올 수 없을 만큼 멀리까지 넘어가야만 한다.'(B18)
라고 강조한다. 예를 들어 '세계는 하나의 제일의 시초를 가져야
한다.'라는 명제의 경우, '세계'라는 개념 안에 '제일의 시초'라는
개념은 포함돼 있지 않다. 그러므로 이 두 개념을 종합해 형이상
학적 명제로 만들어 경험이 뒤따라올 수 없을 만큼 멀리 나가 보
자는 것이다. '세계의 시초'라는 개념에는 형이상학적 특징이 잘
표현돼 있다. 세계의 시초는 형이상학에서도 다룰 수 있고, 우주
물리학에서도 다룰 수 있는 개념이다. 우주 물리학에서나 형이
상학에서나 이런 명제를 가정하지 않을 수 없다. 경험을 해서 알
수 있는 건 아니나 반드시 가정해야만 하는 명제이고 인식의 폭
을 넓혀 주는 것이다. 형이상학의 가능성 자체는 선험성과 종합
성에 달려 있다.

꿈꾸는 자에게 미래가 있다

인류는 여전히 발전 중이다. 어떤 세계관을 갖느냐에 따라서 인
류의 발전이 끝났다고 이야기하는 사람도 있지만 인류는 지속
가능한 변화와 발전 속에 있음이 분명하다고 생각한다. 지금까
지 살아온 세계와는 다른 세상을 꿈꾸며 인류는 환경, 에너지,

인공지능, 식량, 평화 등을 새롭게 구성 중에 있다.

인간은 지금까지 현재의 경험 속에서만 미래를 내다보지 않았다. 꿈을 꿔야 미래가 있다. 칸트의 말대로 경험이 쫓아오지 못 하는 먼 곳까지 꿈을 꿔야 새로운 아이디어가 나오고 나만의, 내가 원하는, 인류가 기다리는 삶을 살 수 있다.

신지식은 꿈꾸는 자에게 허락된다. 지금까지 인류가 이룬 업적이 많지만 인간의 미래는 아직도 현재 진행형이다. 가게 없이 물건을 사고팔 수 있다는 생각을 20년 전만 해도 우리는 하지 못 했다. 마트에 장을 보러 가는 일이 생활에서 큰 부분이었던 예전과 달리 지금은 온라인 시장 없는 세상은 상상하기 어렵다. 밤에 주문하고 새벽에 받은 식재료로 사람들은 식사 준비를 한다. 전기로 달리는 자동차로 성공한 미국의 사업가 일론 머스크Elon Musk 역시 꿈을 밀어붙인 사람이다. 생각은 경험을 바탕으로 하고 있지만 인간은 경험을 넘어선 선험적 지식으로 그 경험을 이리저리 궁리하고 고민한다. 예전에는 돈키호테가 망상병 환자로 보였을지 몰라도 지금은 그 끝 모를 망상이 기가 막힌 아이디어로 발전할 수 있는 시대임을 잊지 말자.

신지식은 꿈꾸는 자에게 허락된다.
지금까지 인류가 이룬 업적이 많지만
인간의 미래는 아직도 현재 진행형이다.

8

겉으로 보이는 게
결국 나란 걸 기억하라

"우리가 숙려해야 할 건 물체들이 우리에게 현재하는 대상 그
자체라기보다는 그것이 무엇인지 아무도 모르는 대상의 한낱
현상이라는 것이다."

이마누엘 칸트, 《순수이성비판》(A387)

영국의 작가 J. K. 롤링 J. K. Rowling 의 판타지 소설 《해리 포터》 시
리즈는 1997년 《해리 포터와 마법사의 돌》을 시작으로 2007년
《해리 포터와 죽음의 성물》까지 총 일곱 편이 책으로 출판되며
전 세계적인 사랑을 받았다. 뿐만 아니라 영화로도 제작돼 책 못
지않은 인기를 얻어서 아마 세계적으로 모르는 사람이 없을 것

이다. 《해리 포터》 시리즈를 책으로는 읽지 못 했더라도 영화 한 두 편은 봤을 터다.

《해리 포터》에서 주인공 해리 포터의 친구 론 위즐리의 집에는 스캐버스라는 쥐가 한 마리 있다. 론이 오랫동안 키우던 쥐였는데 이 쥐가 실은 피터 패티그루라는 인간이었다는 게 후에 밝혀진다. 그동안 쥐로 위장해 론의 집에 기생하며 살아왔던 것이다. 스캐버스는 쥐일까? 인간일까?

스캐버스는 오랜 시간을 쥐로 키워졌고 쥐로 살았다. 원래 인간이었다고 해서 스캐버스를 인간이라고 할 수 있을까? 반대로 그가 다시 본래의 인간 피터 패티그루로 변신했을 때 그를 쥐라고 말할 수 있을까? 그렇지 않을 것이다.

진짜란 무엇인가

진짜의 반대말은 가짜다. 하지만 진짜와 가짜를 명백히 알 수 있을까? 다이아몬드 같은 보석이라면 정밀한 감정을 통해 진품을 가려낼 수 있다. 하지만 만약 어떤 여성이 남성으로부터 큐빅 반지를 다이아몬드 반지라고 받고, 평생 이 사랑의 징표를 다이아몬드 반지로 알고 살다 죽었다고 가정해 보자. 그 반지는 진짜 다이아몬드는 아닐지언정 그 여성에게만큼은 진짜일 것이다.

'진짜'를 철학적 용어로 옮기면 '본질'이라고 할 수 있다. 칸트는 "'본질'은 알 수 없다. 우리가 알 수 있는 것은 '현상'뿐이다."라고 말했다. 스캐버스의 본질이 무엇인지는 누구도 알 수 없다. 다만 확실한 건 쥐였을 때는 스캐버스로 산 것이 맞고, 그전에는 인간 패티그루로 산 것이 맞다는 것이다. 우리는 사물의 본질이 아니라 현상을 볼 뿐이다. 칸트는 사물의 본질을 '사물 자체Ding an sich'라고 이야기하며 인간의 인식으로는 알 수 없는 영역이라고 했다.

감성으로 세상을 처음 만나다

앞서 말했듯 감성이란 자극을 통해 대상을 감각하는 능력이다. 이때 대상이란 본질이 아닌 현상이다. 인간이 현상을 감각하는 데는 한계와 조건이 있다. 물론 동물이나 식물이 현상을 감각하는 데도 한계와 조건이 있다. 동물의 감각치에 관해서는 연구가 어느 정도 이뤄져 있지만 식물이 어디까지 감각할 수 있는지는 여전히 미지의 영역이다. 잘 알다시피 인간이 듣는 소리의 영역과 박쥐가 듣는 소리의 영역은 다르다. 분명히 존재하는 소리이지만 어느 동물에게는 없는 소리나 마찬가지인 것이다.

감성은 기본적으로 수용성을 갖는다. 우리는 대상을 만나면 감성이라는 수용적 감각이 촉발된다. 쥐가 눈앞에 있다면 뾰족한 코, 코 옆의 수염, 길쭉한 몸통, 기다란 꼬리 등을 보고 순간적으로 움찔 놀랄 것이다. 쥐라고 판단하기 전에 내 몸이 먼저 내가 싫어하는 무언가라고 반응한다. 쥐라고 판단하는 건 그 이후다. 이렇게 감성적으로 주어지는 것을 칸트는 '직관'이라고 불렀다. 지금은 시각적인 것으로 이야기했지만 뜨거운 물체를 만지거나 정체 모를 무언가와 맞닥뜨렸을 때, 개념적으로 대상을 파악하기 전에 우리는 순간적으로 반응을 한다. 이처럼 지성이 활동하기 전에 감성에 주어지는 재료들이 바로 직관이다.

경험적 직관들은 자신뿐 아니라 여러 대상들과 관계하고 있지만 그것이 정확히 어떤 것인지는 규정할 수 없는 상태에 있다. 이것이 바로 칸트가 말하는 '현상'(B34)이다. 현상은 개념적으로 규정되지 않은 대상 쪽에서 포착되는 용어이며, 그 대상이 우리 감각 쪽에서 파악되는 측면은 '질료'다. 칸트는 '현상에서 감각에 대응하는 것을 그것의 질료'(B34)라고 했다.

현상이 머무는 세계의 순수한 형식,
공간과 시간

공간과 시간이 무엇이냐고 물으면 이 또한 난제가 아닐 수 없다. 정말 깊이 생각하지 않고 답하면 정확한 시간은 휴대전화를 보면 나오는 것이고, 공간은 우주 전체라고 할 수 있다.

하지만 물리학적으로 시간은 길이나 질량처럼 분할 불가능한 최소 단위가 있다. 이를 '플랑크 시간planck time'이라고 부른다. 이는 광속과 디랙 상수, 중력 상수를 이용해 시간 단위를 차원 단위가 될 수 있게 인위적으로 조합한 시간이다. 독일 태생의 물리학자 알베르트 아인슈타인Albert Einstein의 상대성이론에 따르면 시간의 진행 방식은 관측자마다 다르다. 공간 역시 고전물리학에서 말하는 x, y, z 좌표축에 의한 유클리드 공간이 있다. 또한 현대 물리학에서는 공간과 시간을 독립적으로 보지 않고 4차원의 시공간으로 본다.

이번에는 사회학적으로 시간과 공간을 생각해 보자. 교통 통신 기술의 발달로 인한 시공간의 압축과 확장성 이야기를 해 볼 수 있을 것이다. 100년 전 한국과 미국의 거리는 배를 타고 한 달을 가야 하는, 시간적으로나 공간적으로 머나먼 곳이었다. 하지만 지금은 비행기로 열두 시간 정도면 도착할 수 있다.

또한 입시생 부모에게 시간과 공간은 아이의 성공과 직결된다. 부모는 아이의 공부 시간과 이동 거리를 면밀하게 체크하며 아이의 '성공'을 위해 준비한다. 아이가 마음대로 놀게끔 내버려 두면 아이가 갖게 될 미래의 시간과 공간은 '엉망'이 된다고 생각하기 때문이다.

이렇게 시간과 공간은 여러 측면에서 이야기할 수 있지만 칸트가 이야기하는 시간과 공간은 우리 직관을 틀 지을 수 있는 순수한 형식이다. 감각적 재료가 있다고 하더라도 그것을 담을 수 있는 형식이 없으면 재료는 허공에 흩어지고 구성할 수 없다. 여기서 시간과 공간은 경험과 관계없이 선험적으로 순수한 것으로, 시간은 연속을 뜻하고, 공간은 연달아 있을 수 있음을 말한다.

감성으로 담은 재료를 지성으로 정리하다

인간은 감성을 통해 인간이 인식할 수 있는 재료를 얻는다. 이 재료를 가지고 대상을 인식해야 한다. 즉, 세상에 대한 지식을 얻어야 한다. 우리가 무언가를 안다고 할 때, 보자마자 즉각적으로 알 수는 없다. 보자마자 안다는 것은 대상의 본질을 추론 없이 꿰뚫어 보고 안다는 것인데 이런 신적 직관은 인간에게 허락

되지 않은 능력이다. 물론 샤머니즘을 믿는 사람들이라면 일부 무당들이 이런 직관 능력을 가졌다고 할 수도 있겠다. 그걸 인정한다고 해도 무당 역시 인간인지라 극히 일부의 것을 알 뿐이지 신이 아닌 이상 세상 모든 것을 알 수는 없다.

인간은 감성으로 담은 재료를 지성으로 정리해 지식으로 만든다. 칸트는 그 재료를 정리할 수 있는 능력이 인간에게 주어진 지성이며, 인간은 그 능력을 범주라는 선험적 형식으로 지니고 있다고 말했다. 열두 개로 구성돼 있는 범주는 양, 질, 관계, 양상 등으로 나뉘어 있어서 감성으로 들어온 재료들을 구성한다. 다시 말해 인간이 세계를 구성해 판단하는 원리가 인간 안에 내재해 있다는 것이다.

양, 질, 관계, 양상의 범주표

양의 범주	질의 범주	관계의 범주	양상의 범주
하나(단일성)	실재성	내속성과 자존성(실체와 우유성)의 관계	가능성-불가능성
여럿(다수성)	부정성	원인성과 의존성(원인과 결과)의 관계	현존-부재
모두(전체성)	제한성	상호성(능동자와 수동자 사이의 상호작용)의 관계	필연성-우연성

오직 이 범주들을 통해서만 지성은 직관의 잡다한 재료들을

이해하고 사고할 수 있다. 인간은 범주에 따라 세상, 즉 현상을 보고 진리를 구성한다. 사실 범주는 아리스토텔레스의 열 개의 범주(실체, 분량, 성질, 관계, 장소, 시간, 상태, 소유, 능동, 피동)에 기초하고 있다. 칸트는 아리스토텔레스의 업적을 존중하지만 아리스토텔레스의 범주는 아무런 원리도 없이 개념들을 모아둔 것에 불과하다고 보았다.

많은 철학자들이 생각의 테두리, 즉 자신만의 범주를 만들었다. 아리스토텔레스의 범주뿐만 아니라 경험론에서 존 로크John Locke와 흄은 단순 관념들 가령 색깔, 소리, 냄새, 맛, 촉각 등 궁극적인 요소 개념들을 탐구했다. 이런 개념들을 바탕으로 세상을 파악할 수 있다는 것이다. 반면 합리론자인 데카르트와 고트프리트 라이프니즈Gottfried Leibniz는 순수한 지성 개념들의 체계 속에서 우리가 사물 그 자체를 인식할 수 있다고 보았다. 칸트의 철학은 이런 철학적 배경에서 탄생했다.

진짜 나를 찾아야 할까?
있는 그대로의 나를 받아들여야 할까?

이런 칸트에게 묻고 싶다. '나는 누구인가?' 인생의 고민이 찾아

올 때마다 드는 생각이다. 너무나 당연히 고민해야 하는 문제이지만 쉽게 답을 찾을 수 있는 문제는 절대 아니다. 흔히 '나는 누구인가?' 하는 정체성에 대한 고민은 청소년기부터 시작되고 죽을 때까지 끝나지 않는다. 정답은 없기에 누군가는 쉽게 나름의 답을 내리고, 또 다른 누군가는 답을 찾아 헤매며 괴로워하다 생을 마감하기도 한다.

칸트라면 어떤 답을 줄까? 아마도 "진짜 나를 찾으려는 것 자체가 난센스nonsense다."라고 하지 않을까. 진짜 내가 누구인지 그걸 누가 알까? 자기 자신? 부모? 그도 저도 아니면 자신이 믿는 신? 신이라면 알 수도 있겠지만 신이 나에게 그걸 명확하게 알려 줄 리 만무하다. 진짜 나를 아는 게 난센스라면 현재의 나를 있는 그대로 받아들이자. 나는 나일 뿐이다. 누구처럼 잘생긴 유전자를 타고나지도 못 했고, 머리가 천재적이지 않더라도, 무언가를 할 때 즐거움을 느끼고, 무언가는 하고 싶어 하지 않는 지금의 내가 그냥 나인 것이다. 그거면 내가 누구인지 아는 데 충분하지 않을까?

인생은 누구에게나 한 번 주어진다. 누구의 인생을 따라하면서 이 길은 내 길이 아닌 것 같다고 하기에는 소중한 시간이 속절없이 흘러간다. 칸트가 세상을 바라보는 것처럼 사물 자체는 아무도 모른다. 현상만 알 뿐이다. 어찌 보면 우리는 현상을 진

리로 받아들이며 평생을 산다. 인생 역시 정답은 없다. 내 마음
에서 하는 이야기에 귀 기울여 보자. 어제는 맞았는데 오늘은 틀
릴 수도 있다. 내 마음이 그렇다고 말하면 그 말이 맞는 것이다.
현대 사회는 마음이 힘든 사람들이 너무 많다. 내 인생은 넓고
넓은 우주에 단 하나뿐이다. 찰나의 순간, 이 소중한 삶을 빛나
게 해 줄 사람 역시 나 자신뿐이다.

무언가를 할 때 즐거움을 느끼고,
무언가는 하고 싶어 하지 않는
지금의 내가 그냥 나인 것이다.

Immanuel Kant

3부

어떻게 행동해야 할까

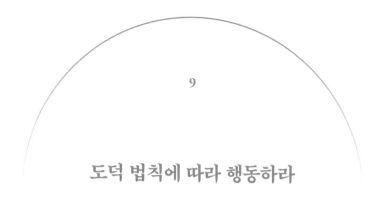

9

도덕 법칙에 따라 행동하라

"너의 의지의 준칙이 항상 동시에 보편적 법칙 수립의 원리로
서 타당할 수 있도록 그렇게 행위하라."

이마누엘 칸트, 《실천이성비판》(A54)

"당신이 뭔데 나한테 이래라 저래라야?"

잘못을 지적했다가 이런 대답이 돌아오면 기분이 영 별로다.
사실 남의 잔소리를 듣고 싶은 사람은 별로 없을 것이다. 그러다
보니 타인이 나에게 약간의 불편을 줘도 웬만하면 입을 열지 않
는 게 요즘 분위기다. 30~40년 전만 해도 이렇지 않았다. 사회
적으로 '어른'의 지위라는 것이 공공연하게 인정됐고, 젊은 사람

들이 혹시라도 타인에게 불편을 끼치는 행동을 했을 때 어른들이 지적하면 대체로 그냥 수긍했다. 오히려 훈계를 듣는 상대방이 부끄러워하기까지 했다. 물론 마음속 깊이 정말 반성하며 부끄러워했는지는 알 수 없지만 어쨌든 사회적으로 그런 지적을 받았다는 것 자체가 부끄러움을 느끼기에 충분한 일이었다.

가령 손에 들고 있던 쓰레기를 길에 함부로 버렸을 때 지적을 받는 건 누가 뭐라고 해도 부끄러워할 만한 일 아닌가. 골목에서 중고등학생들이 교복을 입고 담배를 피우는 행동 역시 꾸중을 들어야 마땅한 중대한 잘못이다. 그런데 지금은 바닥에 쓰레기를 버리든 말든, 교복을 입은 학생들이 골목에 모여서 담배를 피우든 말든 아무도 뭐라고 하지 않는다. 아니 뭐라고 하지 못 한다. 세상이 너무 험해져서 자칫 잘못하면 멱살잡이에 싸움까지 붙을 수가 있기 때문이다. 남 일에 괜히 참견하다 험한 꼴을 당하느니 입 다물고 사는 게 편하다고 생각하는 세상이 됐다.

서로에게 무관심한 개인주의적 현상을 이제 되돌릴 수는 없을 것 같다. 그렇다고 이대로 살아가다가는 도덕도 없고 윤리도 없는 악이 넘치는 사회가 될 것임은 불 보듯 뻔하다. 청소년이 40대 주부를 성폭행하고 도주하거나 SNS에 올린 사진이 딥페이크 성착취물로 돌아다니는 등의 범죄 사건이 넘쳐난다. 딥페이크 성착취물의 경우 주로 텔레그램이라는 모바일 메신저를 통해 유통돼 최근 우리나라의 텔레그램 가입자 수가 세 배 넘게 늘었다고 한다. 남에게 들키지만 않으면 크게 문제가 되지 않을 것이라고 생각하는 모양이다.

이쯤 되면 우리는 칸트를 다시 소환해야 할 것 같다. 사회 분위기에 휩쓸려 도덕을 저버리는 세상에서 나만의 도덕 법칙을 세우고 이를 실천하는 삶을 강조한 칸트는 도덕을 실천하는 인간만이 진정한 인간이라고 가슴에 새겼다.

개인주의가 최고인 세상에서
나의 자유는 어디까지?

철학에서 개인주의란 서양의 근대를 특징짓는 하나의 철학적·사회학적 형태다. 빠르게 보면 중세 이후 15세기부터 개인주의가 출현했다고 할 수 있지만 개인주의가 본격적으로 두각을 나타내기 시작한 건 유럽 혁명 이후라고 보는 편이 더 옳다. 18세기 유럽 혁명 이후 사람들은 개인individual에 관해 심각하게 숙고하기 시작했다.

근대 이전에는 사실 개인이라는 개념이 없었다. 생물학적인 '나'는 있지만 '나'는 그저 어느 집안의 누구일 뿐, 어떤 누구와도 연관되지 않은 온전한 '나'란 존재하지 않았다. 따라서 '나'는 내가 속한 계급이나 집단의 규칙에 맞게 살아가야 하는 존재였고, 나만의 권리나 꿈 따위를 주장한다는 건 상상하기 힘들었다.

태어나고 보니 귀족이나 양반 집안의 자식이다. 그렇다면 정말이지 요즘 유행하는 말로 '금수저'를 물고 태어난 셈이니 평생 먹고살 걱정 없이 속 편히 살 수 있다. 하지만 태어나고 보니 노예나 머슴의 자식이라면? 당시에 그건 저주와 다를 바 없었다. 하지만 어쩌겠나. 주어진 인생을 숙명으로 알고 살 수밖에……. 그러던 중 근대 유럽 혁명이 일어났다. 그리고 비로소 출신 성분과 상관없이 '나'로서 살 수 있는 기회가 생겼다. 그건 그야말로 혁명이었다.

프랑스 혁명(1789~1799)의 3대 원칙은 '자유, 평등, 박애'다. 이 원칙은 철저히 개인을 중심에 두고 세워졌다. 물론 개인의 자유가 정착되기까지는 시간이 걸리긴 했다. 가장 먼저 상인들에게 권력의 방해를 받지 않고 돈을 벌 수 있는 자유가 정착됐다. 국가는 이를 보호해 줬다. 그 결과가 자본주의다. 여기서 자본주의에 관해 깊이 들어갈 생각은 없다. 다만 자유주의가 자본주의와 결합하며 점점 강화했다는 사실은 밝히고 넘어가려 한다. 칸트가 살던 18세기만 해도 프랑스 혁명이 일어난 지 얼마 되지 않은 때였고, 사람들은 자유에 대해 실감하지 못 했다. 칸트는 사람들에게 자유를 일깨워 주고 싶었고, 무지몽매한 상태에서 벗어나 알려는 용기를 가지라고 끝없이 외쳤다.

진정한 근대성의 토대를 세우다

칸트 이전 윤리학의 역사에서 인간 윤리의 원천은 자연이나 공동체의 질서, 행복에의 희구, 신의 의지 또는 도덕적 감정 등에 있었다. 칸트 이전의 방식으로는 도덕의 객관적 방식이란 존재할 수 없었다. 도덕이란 그저 어느 공동체의 도덕, 일개인의 행복, 어느 종교의 도덕에 그칠 뿐이었다. 그러나 1788년 출간한 《실천이성비판》에서 칸트는 《순수이성비판》에서와 마찬가지로, 경험과 관계없는 순수한 도덕 법칙을 찾고자 했다. 이론 철학의 영역에서처럼 실천 철학의 영역에서도 선험성은 주체자인 자신을 통해서만 가능함을 보여 주려 한 것이었다. 이는 칸트 철학의 핵심 명제인 '주체가 세계를 구성한다.'라는 것을 증명한 것이기도 했다.

칸트의 《실천이성비판》을 이해하기 위해서는 기본적으로 윤리학의 바탕이 되는 이론들을 알아야 한다. 윤리학에는 크게 세 가지 학설이 있다. 제러미 벤담Jeremy Bentham으로 대표되는 공리주의, 칸트로 대표되는 의무주의, 아리스토텔레스로 대표되는 덕윤리다. 근대 사회에서 공리주의적 윤리설과 의무주의적 윤리설은 서로 상반되는 입장으로 각각 행복과 윤리를 주장했다.

그중 칸트의 의무주의는 도덕 법칙의 실천을 의무로 생각하는 윤리 사상이다. 그러다 보니 좀 융통성이 없는 윤리처럼 비칠 수 있다. 그러나 정직한 사회가 되는 데에 길잡이가 될 만한 윤리설이라 할 수 있다.

《실천이성비판》의 주제는 간단하다. 어느 집안의 누구라는 틀을 깨고 나온 인간은 이제 자유로워진 만큼, 공동체의 질서에서 벗어나 도덕에 있어서도 그 원천을 자기 자신에게서 찾아야 한다는 것이다. 도덕의 원천은 자율autonomie, 즉 자기 스스로 법칙을 세우는 데에 있다. 자율은 곧 인간에게 자유freiheit다. 칸트에게 자유란 철학적으로는 도덕적 토대이자, 진정한 근대 철학의 기초였다.

당연히 해야 하는 일 vs.
원하는 걸 얻기 위해 하는 일

칸트에 따르면 도덕 법칙은 정언 명령의 형태를 가질 수밖에 없다. 정언 명령이란 무조건 지켜야 할 명령이다. 명령에는 두 가지가 있다. 조건에 동의할 경우 따르는 명령과, 조건 없이 무조건 따르는 명령이다. 칸트는 전자를 가언 명령, 후자를 정언 명령이라고 했다. 예를 들어 '칭찬을 받기 위해서는 착한 행위를 해야 한다.'라는 것은 가언 명령이다. '칭찬을 받기 위해서'라는 조건이 붙은 명령이기 때문이다. 반면 '어떤 일이 있어도 무조건 착하게 행위해야 한다.'라는 것은 조건이 없기에 정언 명령이다.

아이를 키우거나 가르치다 보면 행위에 동기를 부여하기 위해 조건을 붙이는 경우가 많다. 예를 들어 착한 행동을 할 때마다 보상처럼 간식을 준다거나 선물을 준다거나 하는 행위가 곧 가언 명령이다. 거창한 보상은 아니지만 유치원이나 가정에서 아이가 착한 일을 할 때마다 아이에게 칭찬 스티커를 주는 경우를 종종 본다. 스티커를 받는 재미에 아이는 가지고 놀던 장난감을 정리하고, 밥 먹을 시간이 되면 줄을 서며, 친구들과 싸우면 미안하다고 먼저 손을 내민다. 하지만 칸트의 도덕 법칙에 의하면 보상 때문에 하는 모든 행위는 자율적 도덕 행위가 되지 못한다. 물론 아이들이니까 도덕적 개념을 아직 몰라 훈련 차원으로 보상을 준다고 할 수도 있다. 그러나 후에 고학년으로 올라가면서 보상은 벌점으로 진화한다. 이제 스티커 같은 보상 따위가 아이들에게 먹힐 리 없으니 벌점으로 흑화한 보상은 아이들의 행동을 억압하는 도구로 쓰인다. 그리고 이는 곧 아이 스스로 도덕심을 키울 기회를 상실시킨다. 어떻게든 아이를 잘 키워 보려고 한 것인데 이렇게까지 말하는 게 좀 심하게 느껴질지 모르겠다. 그럼 다른 예도 살펴보자.

출퇴근길 서울의 지하철은 '지옥철'이라 불릴 만큼 매일이 거의 전시 상황이다. 늘 바쁘고 피곤한 직장인들은 지하철만 타면 사냥감을 노리는 한 마리의 하이에나가 돼서는 호시탐탐 빈자리를 찾는다. 어쩌다 운 좋게 자리에 앉은 사람에게 지하철은 정말이지 최고의 교통수단이다. 하지만 지친 몸을 이끌고 지하철에 올랐는데 자리는 이미 만석에 발 디딜 틈 없이 꽉 찬 공간이라면 좌절할 수밖에 없다. 그렇지만 다시 정신을 차리고 빈자리를 노린다.

이런 치열한 자리싸움의 현장에서 간혹 눈살을 찌푸리게 하는 사람들이 있다. 노약자석에 젊은 사람들이 앉아 고개를 푹 숙이고 휴대전화만 보고 있다거나, 분홍색 임신부석에 남성이 앉아 눈을 감고 잠든 체를 하는 것이다. 이럴 때 나서서 "거기 앉으시면 안 되죠!"라고 용기 있게 말할 수 있는 사람이 과연 몇이나 될까? 앞에서 이야기했듯 괜히 한마디 했다가 "당신이 뭔데?" 하는 소리를 듣거나 모진 수모를 당할 수 있기 때문에 속으로만 혀를 끌끌 찰 뿐 아무도 나서지 못 한다.

그럼 반대 입장은 어떨까. '어차피 비어 있던 노약자석인데 나한 명쯤 앉는다고 뭐가 달라지겠어?' '나만 앉는 것도 아니고 이런 사람들이 수두룩한데 앉지 않는 게 바보 아냐?' 이렇게들 생각할 것이다. 한편으로 이런 입장을 영 이해 못 할 것도 아니다. 노인이든 아니든, 임신부든 아니든 지치고 힘든 건 마찬가지다. 그리고 그날 정말 하루 종일 서 있었거나 힘든 육체 노동을 하고 지하철에 올랐을 수도 있다. 각자의 사정은 있는 법이다.

살다 보면 이처럼 도덕적 판단을 내리기 어려운 경우도 많고, 또 어떨 때는 사람이 먼저인지, 법칙이 먼저인지 고민스럽기도 하다. 하지만 이런 고민 앞에서도 칸트의 답은 하나다.

자율적으로 행하되
그 행위가 도덕 법칙인 한에서 하라

1998년 동아제약은 기업 이미지 광고 시리즈를 처음 제작해 선보였다. '젊음, 지킬 것은 지킨다.'라는 카피로 이목을 집중시켰던 이 광고는 우리가 잘 아는 자양강장제 '박카스' 광고다. 간혹 제품의 내용과 관계없는 공익 광고 형태로 제품 광고를 하는 경우가 있는데 이 광고가 그랬다.

이 공익 광고 시리즈의 제일 첫 작품의 배경이 바로 지하철이었다. 대학생 둘이 밤을 새우며 시험공부를 했다. 시험을 마치고 농구를 하던 중 한 학생이 발목을 삐끗했다. 두 학생은 집으로 돌아가기 위해 지하철에 탔는데 빈자리가 없었다. 빈자리라고는 오직 노약자석뿐이었고, 함께 있던 친구는 다리를 다친 친구에게 노약자석에 앉으라고 권했다. 그러자 다리를 다친 친구가 씩씩하게 지하철 손잡이를 양손으로 잡고 철봉하듯 매달리며 "저긴 우리 자리가 아니잖아!" 하고 당당하게 외친다. 이후 흘러나오는 성우의 멘트는 "젊음, 지킬 건 지킨다!"였다.

이 얼마나 매력적인 광고인가. 다리를 다친 상황에서는 좀 앉아도 되지 않을까 생각할 수 있다. 당장 나 같아도 눈 딱 감고 노약자석에 엉덩이를 붙일 것 같다. 그런데 그가 한 말은 "누가 뭐라고 하면 어떻게 해?"도 아니고, "창피하게 저길 어떻게 앉아?"도 아니었다. 그저 "우리 자리가 아니잖아!"였다. 여기에 칸트의 정언 명령이 담겨 있다. 도덕 법칙에 따라 거기는 노약자석으로 정해 놓았기 때문에 젊은 사람의 자리가 아니다. 그래서 앉지 않는다. 다른 이유는 아무것도 없다.

내가 하는 행동이 도덕 법칙에 속하는지 아닌지 쉽게 알 수 있는 방법이 있다. 복잡하게 생각할 것 없이 이 행동을 다른 사람들이 모두 똑같이 했을 때 도덕적인 세상이 될 것 같다면 그 행위는 도덕적이다. 하지만 이 행동을 모두 똑같이 했을 때 세상이 엉망이 될 것 같다면 그 행위는 비도덕적이다.

지하철 노약자석에 젊은 사람이 앉는 것도 마찬가지다. 한 명쯤은 괜찮을 수 있다. 그런데 모든 사람이 그런 생각을 갖고 노약자석에 앉는다면 정작 필요할 때 노약자들은 보호받을 수 없다. 그래서 노약자석은 늘 비워 둬야 하는 것이다. 쓰레기를 길에 아무렇지도 않게 버리는 행위 역시 마찬가지다. 버릴 곳이 없어서 아무 데나 버렸다? 길거리에 쓰레기통이 별로 없긴 하다. 쓰레기 하나쯤 길에 떨어져 있는 것, 괜찮을 수 있다. 하지만 모두가 그렇게 생각하고 행동한다면 길거리는 어떻게 될까?

자율적으로 행위한다는 건 곧 내가 나만의 법칙을 세워 자유롭게 행동하는 것이다. 칸트는 그런 인간이 진정한 근대인이라고 이야기했다. 그러나 내 멋대로 행동하는 건 결코 자유가 아니다. 내가 세운 법칙은 도덕 법칙에 어긋나지 않아야 한다. 자유를 오해해서는 안 된다. 자율적으로 행하되 그 행위가 도덕 법칙인 한에서 행동하자.

자유를 오해해서는 안 된다.
자율적으로 행하되 그 행위가
도덕 법칙인 한에서 행동하자.

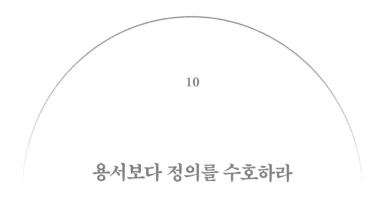

10

용서보다 정의를 수호하라

"형벌 그 자체와 행복은 전혀 결합될 수 없다. 모든 형벌 자체
는 첫째로 정의가 내재한다."

이마누엘 칸트, 《실천이성비판》(A66)

2014년 하버드 대학교 철학과 교수 마이클 샌델Michael Sandel의
책《정의란 무엇인가》가 출간되고 우리나라에서 선풍적인 인기
를 끌었다. 철학 교수가 쓴 책이 인기를 끌기란 쉽지 않은 일인
데 우리나라에서 어떻게 이 책이 그렇게 사랑받을 수 있었을까.
아마도 그 시기 우리나라 국민들이 '정의justice'에 상당히 목말라
있었기 때문인 것 같다. 당시는 쿠데타로 정권을 잡았던 박정희

전 대통령의 딸인 박근혜 전 대통령이 정권을 잡고 있었고, 공직 사회는 구석구석 비리와 부정의 소리가 끊이지 않았다. 결국 박근혜 전 대통령은 탄핵으로 그 자리에서 물러났다. 우리 국민들은 도대체 정의란 무엇인지, 우리나라에 정의란 것이 존재하기는 하는지, 어떻게 하면 정의를 세울 수 있을지 고민했다. 그에 발맞춰 마이클 샌델의 책이 날개 돋친 듯 팔렸던 듯하다.

공리주의 vs. 응보주의

인간은 자율적으로 행동하는 존재다. 따라서 무조건 선하게 행동하지는 않는다. 선하게 행동할 수도 있고, 그렇지 않을 수도 있다. 다만 만약 악하게 행동했다면 자율적 인간으로서 스스로의 행위에 책임을 질 수 있는 것 또한 근대적 인간이다. 자유에는 책임이 따르는 법이다.

자유가 없던 중세라면 책임은 가문과 집안이 대신 감당해야하는 몫일 수 있다. 역사 드라마에서 신하 한 명이 임금에게 역심을 품었다가 발각됐을 때 그의 가족을 3대까지 멸하는 장면을 본 적 있을 것이다. 이는 죄에 대한 책임을 개인만 지는 것이 아니라 가문이 졌다는 것을 보여 준다. 하지만 근대는 자유로운 개인이 중요하기 때문에 처벌 또한 개인이 진다.

칸트는 철학을 법정에 세워 철학이 월권했던 범위에 대해서 심판했던 철학자다. 도덕에 있어서도 정의를 수호해야 하는 이유를 분명히 밝혔다. 그가 '형벌' 자체에 대해 그리 많이 언급하지는 않았지만 의지의 자율을 말하면서 짚고 넘어가야 하는 것이 바로 형벌이다.

윤리에서 형벌은 공리주의적 입장과 응보주의적 입장이 대비된다. 공리주의적 입장에서 형벌은 개인적·사회적 효용을 높인다. 다시 말해 형벌을 통해 사회나 개인이 결과적으로 이득을 얻어야 한다. 형벌을 통해 얻는 이익보다 고통이 크다면 그 형벌은 잘못된 것이다. 사형제도가 폐지되는 추세가 된 까닭도 형벌을 공리주의적 입장에서 바라보기 때문이다. 이와 대조되는 응보주의적 입장에서는 지은 죄에 대한 대가로서 형벌 그 자체를 목적으로 하는데 칸트의 견해가 이에 속한다.

정의를 위한 형벌

한국의 대입 수학능력시험 윤리 문제에서 칸트는 단골로 등장한다. 특히 결과론적 윤리설에 반대되는 의무론적 윤리설로 대표되는 칸트의 윤리설은 주로 사형제도를 옹호하는 응보주의적 입장으로 언급된다.

1785년 발표한 《도덕형이상학 Die Metaphysik der Sitten》에서 칸트는 자신이 생각하는 응보주의적 형벌의 예를 '섬의 비유'를 통해 자세히 설명한다. 어떤 섬에 살고 있는 사람들이 이 섬을 떠나 자신들이 원하는 낯선 다른 곳으로 흩어져 살기로 결정했다고 가정해 보자. 그때 사람들은 감옥에 남아 있는 마지막 살인자에 대한 사형을 반드시 집행하고 떠나야 한다고 주장한다. 그 까닭은 우선 그 섬에 살던 모든 사람들로 하여금 사형 집행을 통해 자신의 행위에 대한 응분의 대가가 무엇인지 인식할 수 있도록 하고, 이로써 구성원들에게 죄악이 남아 있지 않도록 하기 위함이다. 만약 여기서 사형 집행을 하지 않으면 시민들 역시 죄인의 살인에 동참한 것이나 다름없다고 칸트는 말한다.

칸트가 섬을 예로 든 이유는 사람들이 흔히 '어차피 해체되는 시민사회에서 마지막 남은 사형수 한 명쯤 봐 줄 수 있지 않을까?' 하고 생각할 수 있기 때문이었다. 모진 듯해도 약할 땐 한없이 약해지는 게 사람 마음 아니던가.

이성을 가진 개인이 자신이 저지른 죄에 대해 대가를 치르는 건 너무나 당연한 일이다. 하지만 때때로 인간은 용서라는 이름으로 죄인들의 죄를 눈감아 주기도 한다. 나라마다 차이가 있긴 하지만 현대 사회의 많은 국가들은 공리주의 정신을 바탕에 둔 형법을 가지고 있다. 다시 말해 고대 바빌로니아의 함무라비 법전처럼 '눈에는 눈, 이에는 이'와 같이 죄를 지은 만큼 형벌을 주기보다는 전체 사회의 실익과 범죄자의 사정을 봐 가며 벌을 주는 것이다. 형벌을 높게 책정했을 때 사회적으로 범죄율이 줄어드는지 아닌지도 형벌을 정하는 근거가 되고, 죄인이 초범인지 재범인지, 그리고 반성의 가능성이 보이는지 그렇지 않은지도 형벌을 정하는 근거가 된다. 이런 이유로 때로는 용서받지 못 할 죄인이 너무 가벼운 형벌을 받아 사회적 공분을 사기도 한다.

중심을 잡지 못 한 채 흔들리는 인간의 도덕성 문제를 두고 칸트는 실천이성의 법칙으로 해결하자고 말한다. 윤리의 법칙은 경험에서 나올 수 없다. 윤리의 법칙을 경험에서 찾으려 하면 우리는 수많은 경험에서 그때마다의 정답을 찾기 위해 고민해야 한다.

실천이성의 이념에는 윤리 법칙의 위반에 따르는 '형벌성'이 있다고 칸트는 말한다. 칸트 윤리에서 중요한 것은 윤리의 실현과 실천이지만, 형벌에 관해서도 빼놓지 않고 말하고 있는 건 인간이 악으로 흐를 자연적 경향성을 가진 존재이기 때문이다. 자기 책임을 가진 이성적 존재자인 인간이 그 책임을 다하지 못 했을 때 형벌을 받는 것은 마땅하다. 거기에 '정의'가 존재한다.

잘못에는 대가가 따라야 한다

한번씩 터지는 군인들의 급식 사진 때문에 많은 국민들이 분노하곤 한다. 물론 대부분의 군인들이 좋은 식사를 하고 있겠지만 간혹 부실한 식단의 사진이 개인 SNS를 통해 퍼지는 날이면 꼭 달리는 댓글이 있다. '교도소 밥이 이것보다 낫다.' 왜 하필이면 사람들은 많고 많은 식사 중에서 죄인들의 식단과 군인들의 부실 식단을 비교할까. 아마도 형벌 그 자체는 행복과 전혀 결합될 수 없기 때문일 것이다(A66). 본능적으로 사람들은 '아무리 불행해도 죄인들보다 불행해서는 안 된다.'라고 느낀다. 그렇기에 군인들이 아무리 제대로 먹지 못 하더라도 죄인들보다 못 먹어서는 안 된다고 말하는 것이다.

흔히 '법 앞에 평등'이라고 하지만 이미 우리는 '무전 유죄, 유전 무죄'라는 슬픈 말을 잘 알고 있다. 비록 어느 범죄자의 입에서 나온 말이긴 하지만, 그의 말이 아니었더라도 여러 사건들을 통해서 돈이 있는 자들은 크게 도둑질을 해도 큰 벌을 받지 않고, 작은 좀도둑들은 오랫동안 옥살이 하는 것을 보아 왔다. 게다가 언제나 권력은 돈 있는 자의 편이라는 것 또한 잘 안다. 이런 일련의 사건들을 겪으면서도 사람들은 좋은 세상이 오면 정의가 이루어질 것이라는 믿음을 갖고 스스로를 위로한다. 매번 실망할지언정 선거 때가 되면 소중한 나의 한 표를 행사하러 투표소에 가는 것도 그 때문이다.

우리나라는 정의로운 나라일까? 안타깝게도 많은 국민들이 사법 체계 자체에 불만을 갖고 있다. 우리가 가지고 있는 법 조항이나 법 체계 중 상당수가 일제 강점기 일본 헌법에 기반하고 있는 데다 지금까지 제대로 개정이 이루어지지 않고 있다. 또한 촉법소년에 대한 연령이나 성폭력 특별법 그리고 미성년 대상 성폭력범에 대한 처벌 등도 개정이 절실한 실정이다. 태국은 강간범에게 17년의 실형에 태형까지 선고하는 반면 우리나라에서는 살인을 해도 17년의 실형이 선고되기 어렵다. 여기에 더해 검찰 및 경찰, 법원 등 사법 기관, 수사 기관에 대한 신뢰도 높지 않다. 2022년 한 여론조사 전문기관이 발표한 자료에 따르면 경찰 수사를 신뢰하지 않는다는 의견이 67퍼센트, 검찰 수사를 신뢰하지 않다는 의견이 59.5퍼센트로 과반을 넘었다.

정의는 사회 여러 층위에서 찾아야 한다. 그중에서도 형벌에서 세워지는 정의는 가장 중요하다. 형벌이 가혹하다고 해서 범죄율이 무조건 줄어드는 것은 아니지만 이성적인 인간으로서 자신의 행동에 대해 적정 수준의 책임은 반드시 져야 한다고 칸트는 주장한다. 즉, 자신이 지은 죄에 대해서 그만큼의 대가는 예외 없이 받아야 한다는 것이다. 정의가 바로 선 국가라면 지위고하를 막론하고 지은 죄에 대해 죗값을 치러야 한다. 다소 엄격한 듯 보여도 용서에 앞서 정의를 수립해야 한다는 칸트의 견해는 오늘날 우리 사회를 다시금 돌아보게 한다.

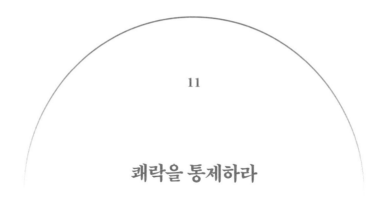

11

쾌락을 통제하라

"쾌 또는 불쾌라는 주관적인 조건에만 근거하는 원리는 그런 수용성을 지닌 주관에게 있어서는 충분히 준칙으로 쓰일 수 있 겠지만 그것만으로는 필연성이 결여되어 있어 법칙으로 쓰일 수 없으므로 결코 실천 법칙을 제공할 수 없다."

이마누엘 칸트, 《실천이성비판》(A39)

거짓말은 언제나 나쁠까? 남을 돕는 것은 언제나 좋은 일일까? 도둑질은 나쁠까? 언뜻 보면 명확한 답이 있을 것 같지만 그리 간단치 않다. 이 문제들에 대해 공리주의인 결과주의에서의 답 이 다르고, 의무주의에서의 답이 다르다.

유명한 옛날이야기를 떠올려 보자. 포수에게 쫓기는 토끼가 있다. 토끼는 나무꾼에게 포수가 쫓아오고 있으니 숨겨 달라고 한다. 나무꾼은 토끼가 가여워 숨겨 줬다. 곧 포수가 와서 토끼를 보았는지 묻자 나무꾼은 포수에게 토끼가 저기 먼 산 쪽으로 도망갔다고 거짓말을 한다. 토끼를 살리기 위한 나무꾼의 거짓말은 '선의의 거짓말'이다. 이 나무꾼과 토끼 이야기에서의 교훈은 '결과가 좋으면 거짓말은 옳다.'라는 결과주의에 입각하고 있다. 하지만 원칙을 따르는 의무주의에서는 '모든 거짓말은 나쁘다.'라고 할 것이다.

탐관오리의 재산을 훔쳐 가난한 사람들을 돕는 의로운 도둑 이야기도 있다. 결과주의에서는 가난한 사람들을 도왔으니 의로운 도둑의 도둑질은 옳은 일이다. 하지만 의무주의에서는 도둑질은 무조건 해서는 안 되는 행동이기에 나쁘다.

이렇게 아이들에게 흔히 들려주는 옛날이야기에는 거짓말도, 도둑질도 때때로 타인을 구할 선한 행동이 되곤 한다. 이런 유의 이야기들을 수없이 듣고 자란 아이에게 "거짓말은 나쁜 거야!" "도둑질은 하면 안 되는 일이야!"라고 하면 아이는 어떻게 납득할 수 있을까.

이런 예는 어떤가. 한 의사가 병원에 온 환자를 진찰해 보니 이미 진전이 많이 된 말기 암의 상태였고, 여생이 길어야 3개월

남짓인 것으로 보였다. 환자에게 괜찮다고 거짓말하는 게 좋을까, 솔직하게 삶이 3개월 남았다고 말하는 게 좋을까? 결과주의 입장에서는 남은 3개월이라도 평소 생활을 유지하며 행복하게 사는 게 낫다고 판단하기 때문에 건강하니 염려하지 말라고 할 것이다. 반면 의무주의에서는 환자에게 진실을 말하는 것이 의사의 의무이자 원칙이기에 당연히 사실대로 말해야 한다고 할 것이다. 비록 괴로운 일일지언정 진실을 말해 줌으로써 환자 스스로 자신의 삶을 정리하고 가족과의 이별을 준비할 수 있도록 해야 한다는 것이다.

이렇게 이야기하니 마치 의무주의는 야박하고, 결과주의는 따뜻하게 느껴지겠지만 반대의 경우도 있다. 일할 능력과 체력이 있는데도 불구하고 아무것도 하기 싫어서 매일 역 앞에서 노숙을 하며 구걸로 하루하루 생계를 꾸려 나가는 사람에게 누군가 매일 만 원씩 기부를 한다. 의무주의에서 이 행동은 타인의 어려움을 도운 선한 행동이라고 보는 반면, 결과주의에서는 그렇게 자꾸 옆에서 도와줌으로써 그 사람이 스스로 일할 의지를 상실하게 만든 나쁜 행동으로 볼 수도 있다. 어떤 행동으로 인해 결과가 나쁘면 그 과정까지 나쁘게 보는 것이 결과주의이기 때문이다. 결과주의, 즉 공리주의는 목적(결과)이 수단(행위)을 정당화할 수 있다고 말한다. 그러므로 공리주의 입장에서는 어떤 행위든 전체의 쾌락, 즉 행복감을 높여 주면 좋은 행위이고 윤리적인 행위다.

행복은 왜 보편적일 수 없을까?

모두에게 이익이 되는 일, 즉 모두에게 행복한 일이 가능할까? 인간이 행복을 느끼는 이유는 정말 다양하다. 어떤 사람은 가족과 함께 맛있는 것을 먹을 때 가장 행복하고, 또 다른 사람은 타인을 위해 봉사활동을 할 때 가장 행복하다. 어차피 행복이란 지속적일 수 없으니 행복했던 어느 한 순간을 이야기하라고 하면 각자 자신만의 고유한 경험을 떠올릴 것이다. 이 모든 행복의 순간은 인간이 욕구하는 것들이자 경험적인 것들이다. 누구나 자신의 행복을 원한다는 사실에는 이견이 있을 수 없다. 다만 행복은 원하는 대상을 얻을 때 느끼는 감정이기에 사람마다 행복을 얻는 방법은 다르다.

왜 행복은 보편적일 수 없는 것일까? 누구나 다 똑같은 행복의 내용을 갖지 못 하는 이유는 무엇일까? 이는 각자 현재 부족한 것이 다르기 때문이다. 지금 내게는 돈이 필요하지만 부자에게는 돈보다 다른 무언가가 필요할 것이다. 운동선수는 올림픽에 나가 금메달을 받으면 세상을 다 가진 듯이 행복하겠지만 나처럼 글줄이나 읽는 사람에게는 의미 없는 일이다. 또한 어제 원했던 것과 오늘 원하는 것이 다를 때도 있다. 한 달에 200만 원을 버는 사람은 500만 원만 벌어도 행복할 것 같지만 막상 500만 원을 벌게 되면 1,000만 원 버는 사람이 더 행복할 것 같다.

누구나 행복을 원하지만 실제로 행복을 얻는 과정이 모두 다르고, 행복을 위해 공통으로 요구되는 것도 없다. 또한 행복은 늘 똑같이 개인에게 머물러 있지도 않는다. 그렇기에 행복은 보편적이지도 필연적이지도 않다.

칸트는 당장에 행복한 순간을 만드는 행위들이 개인에게 일종의 준칙, 다시 말해 행복해지는 규칙으로 쓰일 수는 있다고 말한다. 가족과 함께 있는 것이 좋은 사람이 행복하려면 가족과 함께 자주 맛있는 것을 먹으면 되고, 봉사활동을 할 때 행복한 사람은 꾸준히 봉사활동을 하면 되는 것처럼 말이다. 개인들에게 이런 행복은 주관적 기준이 될 수는 있다. 하지만 칸트가 말하는 것은 도덕의 객관적인 법칙이다. 행복은 개인들이 느끼는 주관적인 감정이지 객관적 법칙이 될 수는 없다.

칸트는 이처럼 경험적인 것들을 '질료'라고 부르며, '욕구 능력의 질료를 의지의 규정 근거로 전제하는 모든 실천 원리들은 어떠한 실천 법칙도 제공할 수 없다.'(A38)라고 말한다.

도덕 법칙이 기본이 된 사회 안에서
비로소 행복할 수 있다

그러나 생각해 보면 행복이 도덕의 근거가 되지 못 할 이유도 없을 것 같다. 각자 행복하려고 노력하면 세상 사람 모두가 다 행복하려고 노력할 것이고, 그러면 세상이 행복해질 것이다. 그럼 그 행복에 따라 도덕적인 세상이 되는 것 아닌가. 이것이 바로 공리주의의 도덕관이다.

공리주의는 영어로 유틸리테리어니즘utilitarianism, 곧 유용성utility을 강조하는 사상이다. 한자로 번역해도 노력功과 이익利, 즉 이익 도모에 힘을 쓴다는 의미다. 이는 쾌락주의 사상을 바탕으로 하고 있으며, 어떤 행위의 옳고 그름은 인간의 이익과 행복을 증진시키는 데 얼마나 기여하느냐에 따라 결정된다고 본다. 그러다 보니 전체의 쾌락과 행복을 증진시키기 위해 소수의 희생도 인정하는 사상이 바로 공리주의다.

공리주의는 자본주의 사상과 결합하기에 아주 좋다. 우리가 잘 알고 있듯 자본주의의 최대 단점은 빈익빈 부익부의 심화다. 정규직은 거의 사라지고 있으며 임시직이 그 자리를 대체한다. 플랫폼 노동이 보편화한 세상에서 그 옛날의 노동 복지는 꿈도 꿀 수 없다. 많은 사람들이 대기업에서 일하고는 있지만 그중 상당 부분이 일일 계약이나 단기 계약으로 일하는 일종의 프리랜서, 즉 시급을 받는 아르바이트 일자리를 갖고 있다. 자본주의를 표방하고 있는 국가는 공리주의적 입장을 취하기에 국가 전체의 이익을 위해서는 언제나 노동자보다 기업의 손을 들어 준다. 일자리에 도덕이 사라진 지 오래다.

'인간을 결코 한낱 수단으로 대하지 말고 동시에 목적으로 대하라.' 1785년 발표한 칸트의 책《윤리형이상학 정초Grundlegung zur Metaphysik der Sitten》(B66~67)에 기술된 이 말은 칸트의 격언으로도 대중에 잘 알려져 있다. 이는 상황에 따라 달라지지도 않을 것이고, 경우에 따라 달라지지도 않을 것이며, 나라에 따라 달라지지도 않을 것이다. 언제나 변함없는 도덕 법칙이다. 인간의 존엄성은 누가 뭐라고 해도 어떠한 가치보다 중요하다.

각자 나만의 행복을 추구하는 사이에 한낱 자본주의의 수단이 되어 가고 있는 건 아닌지 스스로를 돌아볼 수 있으면 좋겠다. 빈부 격차가 심한 사회에는 언제나 불안이 잠재돼 있다. 인간을 수단으로만 대하는 세상은 결코 흥할 수 없다.

세상은 혼자서는 살아갈 수 없다. 인간은 어떤 식으로든 관계를 맺으며 살아간다. 기업을 경영하는 대표라 할지라도 일하는 직원이 없으면 기업을 운영할 수 없다. 한국이 출산율 세계 최하위 국가가 된 이유를 다른 데서 찾을 필요 있을까. 인간을 목적으로 대하고 귀하게 여기지 않는 세상에 나의 자식을 낳고 싶지 않은 마음은 누구나 같을 것이다. 칸트가 말하는 준엄한 도덕 법칙이 오늘의 우리에게 엄숙하게 경고한다. 모두가 기본을 지킬 때 사회도 행복할 수 있다.

누구나 행복을 원하지만
실제로 행복을 얻는 과정이 모두 다르고,
행복을 위해 공통으로 요구되는 것도 없다.
또한 행복은 늘 똑같이 개인에게 머물러 있지도 않는다.
그렇기에 행복은 보편적이지도 필연적이지도 않다.

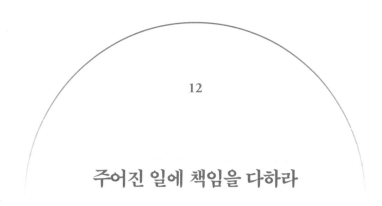

12

주어진 일에 책임을 다하라

"의지의 자율은 모든 도덕 법칙들과 그에 따르는 의무들의 유일한 원리다. 그러나 내가 원칙을 세우지 못 한 모든 타율은 전혀 책임을 정초하지 못 한다."

이마누엘 칸트, 《실천이성비판》(A59)

'모로 가도 서울만 가면 된다.'라는 속담이 있다. 맞는 말이다. 실생활에서 길을 찾을 때를 생각해 보자. 어떤 길로 가든 무슨 상관인가. 길을 잘 못 찾는 사람을 '길치'라고 한다. 지도를 봐도 길을 찾기 어렵고, 어떤 장소가 익숙해지려면 남보다 배는 더 가야 한다. 운전할 때 내비게이션을 켜 놓고도 길을 놓칠 때가 있다. 내 이야기다. 그래도 크게 스트레스를 받지는 않는다. 곧 내비게이션이 새로운 길을 안내해 주고, 결국 목적지에는 제대로 도착하기 때문이다. 이와 반대로 길을 굉장히 잘 찾는 사람도 있다. 몸속에 안테나라도 달렸는지, 아니면 전국 지도라도 새겨 넣은 건지 어떤 길도 척척 잘 찾는다. 초행길도 문제없다. 나 같은 길치가 보기에는 정말 대단한 능력이 아닐 수 없다. 물리적 장소를 찾아가는 길 찾기야 좀 돌아서 가도 상관없다. 하지만 도덕의 문제에 있어서는 가야 할 길이 있고, 가지 말아야 할 길이 있다.

더도 덜도 말고 딱 내가 한 만큼만

나 자신도 초등학교 6년, 중학교 3년, 고등학교 3년, 대학교 학부 4년에 대학원 석박사까지 졸업하며 수많은 시험을 치렀다. 거기에 20여 년간 대학에서 강의를 하며 학생들을 대상으로 무수히 많은 시험을 보기도 했다. 시험장에 앉아 시험지를 받으며 누구나 한번쯤 '정답지가 내 앞에 있으면 좋겠다.'라고 생각해 본 적이 있을 것이다. 대부분의 학생들에게는 그저 본능적 욕망에서 시작해 행복한 공상으로 끝이 나지만, 이 욕망이 현실이 될 때는 사회적 파장을 일으킨다.

2018년 서울의 한 고등학교에서 교무부장이었던 아버지가 같은 학교에 다니고 있는 쌍둥이 두 딸에게 시험지를 유출한 사건이 있었다. 그 결과 두 딸은 각각 문과와 이과에서 전교 일등을 했다. 내신 성적이 전교 일등인 아이들이 모의고사 성적은 한참 아래인 것이 영 이상했는데 그 이유가 바로 '아빠 찬스'였다는 사실이 밝혀지면서 많은 학부모와 학생들의 공분을 샀다. 결국 아이들은 퇴학 처분을 받았고, 아버지 역시 처벌을 받았다. 이뿐만 아니라 성적을 잘 받고 싶은 욕망을 참지 못 하고 한밤중 교무실에 무단으로 침입해 시험답안지를 훔쳐서 적발된 학생들도 있다. 시험이 뭐라고 이렇게까지 할까.

대학교에서도 시험 감독을 하다 보면 간혹 커닝 페이퍼를 손에 꼭 쥐고 있는 학생들을 발견한다. 안타깝다. 뭘 얼마나 보고 썼는지 알 수 없지만 그 학생들에게는 점수를 줄 수 없다. 그동안 대형 강의를 많이 했기 때문에 아마도 미처 발견하지 못한 커닝 페이퍼가 수없이 많을 것이다.

대부분의 학생들은 자신이 공부한 만큼 답안지를 채운다. 공부를 못 했으면 당당하게 빈 답안지를 제출하고 꾸벅 인사하고 교실을 나간다. 그 모습이 어처구니없다기보다는 사실 귀엽다. 공부를 못 했으면 답안지에 쓸 말이 없을 게 당연하고, 마지막에 그래도 교수님 얼굴을 보며 인사까지 살뜰히 하고 가니 이 얼마나 학생다운가. 자신의 책임을 다하고 유유히 퇴장하는 아름다운 모습이다.

의지의 자율, 스스로 정하는 도덕 법칙

칸트는 '의지의 자율은 모든 도덕 법칙과 그에 따르는 의무들의 유일한 원리'라고 하면서 바로 뒤이어 '이에 반해 자의의 모든 타율은 전혀 책임을 정초하지 못 할 뿐만 아니라, 오히려 책임 및 의지의 윤리성에 반한다.'라고 적었다. 세계를 구성하는 원리를 인간의 주관에서 찾았던 것처럼 도덕 법칙 역시 자기 자신에게서 찾아야 한다고 칸트는 말한다.

의지의 자율이란 스스로 정하는 도덕 법칙이다. 누가 시켜서 도덕적으로 행위하는 것은 이미 도덕적이지 않다. 넘어진 어린아이를 일으켜 주는 선행도 내 마음이 자발적으로 행위하라고 명령해야 선한 행동이지 누가 시켜서 하면 더 이상 선한 행동이 아니다. 그저 사회적 규범을 따르거나 마지못해 한 행동에 불과하다.

중국 전국시대의 유학자 맹자孟子는 인간이 선한 이유를 설명하며 '어린아이가 우물에 빠지려고 할 때 구하고자 하는 사람의 마음'을 빗대었다. 누구든 우물에 빠지려는 아이를 보면 아무 생각 없이 즉각적으로 반응해 구하게 되는데 이것이 바로 인간이 선하다는 증거라는 설명이다. 맹자에 따르면 이는 결국 성선설로 프로그래밍된 인간의 몸이 뇌보다 먼저 반응해 나타나는 것이다. 만약 아이를 구하는 사람이 후에 받게 될 대가 등을 조금이라도 생각했다면 그건 절대 선한 행동이 될 수 없다는 게 맹자의 설명이다.

맹자의 이런 무의식적 도덕 감정은 내가 세운 원리가 도덕 법칙에 맞아야 하고, 그 도덕 법칙에 따라 행동해야만 도덕적인 삶을 살 수 있다고 한 칸트와는 다른 부분이 있다. 하지만 맹자 역시 무의식적으로만 도덕적 인간으로 살 수 있다고 하지 않는다. 인간은 선한 마음을 갖고 태어났으니 끝없이 도야하는 게 인간의 몫이라고 맹자는 말한다. 이런 점에서는 칸트와 일맥상통하는 면도 있다.

이성적 인간, 책임지는 존재

칸트는 이성적 존재자로서 인간의 책임을 강조했다. 현대를 사는 우리는 늘 듣던 이야기라 낯설지 않고 당연하게 여겨지지만,

칸트가 살던 시대엔 '책임지는 이성적 인간'은 새롭게 등장한 인간상이었다. 인간이 동물과 달리 이성을 갖고 있다는 건 고대 철학부터 규정돼 온 것이지만 이성이 늘 책임과 결부되었던 건 아니다. 이성을 마음껏 누릴 수 있는 인간은 노동으로부터 벗어난 귀족들뿐이었다. 로마에 와서야 노예 출신의 철학자 에픽테토스Epictetos가 등장한다. 하지만 그 역시 서른이 넘어 노예에서 해방된 후에 본격적으로 철학 활동을 할 수 있었다. 노예 출신의 철학자는 역사에 길이 남을 만큼 희귀한 일이었고, 그도 철학을 한 후에는 노예가 아니었다. 그러니 철학을 하는 이성적 인간은 어디까지나 귀족 이상의 인간에게 해당하는 일임이 분명했다.

근대 유럽 혁명 이후 개인에게 자유가 주어지면서 자유를 행하는 인간은 책임을 져야 하는 존재임을 인식하기 시작했다. 계급 사회에서 귀족은 권력을 갖고 자신이 가진 권력만큼 비인간적인 행위를 해도 용서가 됐다. 영주의 영내에 사는 남녀가 결혼할 때 영주가 초야권을 갖는 말도 안 되는 행위가 권력이라는 이름으로 공공연히 자행됐을 만큼 권력을 가진 자는 모든 것이 용서됐다. 또한 노예는 권력자에 예속된 사람으로서 권력자가 시키는 모든 행위를 해야만 했고 그에 따르는 어떤 처벌도 받지 않았다. 그 행위가 살인이 됐건 도둑질이 됐건 권력자가 시킨 행위이기 때문에 노예는 그저 따를 뿐이었다. 책임이 있다면 노예에게 행위를 시킨 권력자에게 있겠지만 권력자는 권력이라는 이름 아래 권력을 가진 만큼 책임이 면제됐다. 상황이 이렇다 보니 근대 이전의 인간에게 책임이란 그다지 중요치 않았다. 국가에 법체계가 없었던 건 아니지만 법 위에 권력이 존재했기에 책임을 다하는 인간이란 있을 리 만무했다.

가야 할 길과 가지 말아야 할 길을 알 것

우리나라는 군사 정권의 쿠데타로 민주주의의의 고귀한 발전을 빼앗긴 역사를 가지고 있다. 민주주의는 국민이 주인인 세상이다. 그런데 군부가 무기를 앞세워 국민을 제압하고 권력을 가졌다. 간혹 '모로 가도 서울만 가면 된다.'라는 식으로 "쿠데타면 어때? 우리나라가 그때만큼 발전한 적이 있었나?"라는 기가 막히는 이야기를 아직도 들을 때가 있다. 결과적으로 국가 소득이 올랐고, 고속도로가 놓였다. 일자리가 늘었고, 먹고살 만해졌다. 결과가 좋지 않은가. 그럼 된 것 아닌가. 정말 그렇게 생각한다면 우리나라의 미래는 없다. 우리가 역사를 배우는 이유는 역사를 통해 미래를 설계하기 위함이다. 결과적으로 민족의 근대화가 앞당겨지고 먹고살기 나아졌다고 해서 일제강점기를 찬양해야 하나?

　좀 느리게 가더라도, 좀 돌아서 가더라도 민주주의는 국민이 주인이어야 한다고 가르친다. 그러니 우리도 내가 좀 덜 먹더라도 굶는 사람 없는 나라가 좋은 나라라고 가르쳐야 한다. 좋은 의도, 좋은 도덕은 분명히 있다. 적자생존, 결과주의로만 세상이 돌아가는 것이 아님을 칸트는 강력히 말하고 있다.

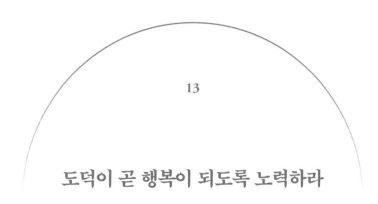

13

도덕이 곧 행복이 되도록 노력하라

"행복과 윤리성은 최고선의 전혀 다른 두 요소이고, 두 개념
은 분석적으로 인식될 수 있는 것이 아니라 종합적으로 인식된
다. 따라서 두 개념은 실천적으로 필연적인 것이다. 최고선을 의
지의 자유로부터 산출하는 것, 그것은 도덕적으로 필연적이다."

이마누엘 칸트, 《실천이성비판》(A203)

앞에서 행복은 도덕의 근거가 될 수 없다고 했다. 그러다 보니
마치 행복하게 사는 것이 부도덕하게 살거나 예비 죄인인 것 같
다는 생각이 들기도 한다. 하지만 그렇다면 그건 너무 비극적이
지 않은가? 행복하게 사는 것만큼 좋은 일이 또 어디 있을까. 도

덕적 인간이기 위해 행복을 포기할 수는 없다.

다행히 칸트도 이야기한다. "행복이 도덕의 근거가 될 수는 없지만 둘이 결합할 수는 있다." 행복하면서 동시에 덕이 있는 인간도 가능하다는 것이다. 사실 머릿속에 행복하면서 동시에 덕이 있는 인간의 모습이 명확하게 떠오르지는 않는다. 그저 매우 평온하면서, 자기 삶에 만족하며 삶을 즐기고, 남에게 해가 되는 행위를 하지 않고, 스스로 하는 행위 자체가 도덕적인 그런 사람이면 덕과 행복이 결합된 인간이라고 할 수 있을 것이다. 하지만 삶에 대해 어느 정도 깨달음을 얻고 경지에 오른 사람이 아니면 접근조차 하기 어려운 인간상처럼 보인다. 그러나 노력해서 안 될 것이 있겠는가. 앞에서도 이야기했지만 어차피 한 번뿐인 삶이다. 금전적 결핍 혹은 인정에 목말라하며 괴로움에 치를 떨며 살다가 후회만 남기기엔 우리 삶은 찰나의 순간이다. 그럼 이제부터라도 덕과 행복이 결합된 삶을 살기 위해서 무엇을 어떻게 해야 할지 함께 고민해 보자.

에피쿠로스학파와 스토아학파의 행복

칸트에 따르면 덕과 행복이 결합할 수 있는 방법은 두 가지다.

《순수이성비판》에서 판단에 두 가지 종류(분석판단, 종합판단)가 있었던 것처럼, 덕과 행복의 결합에도 '분석적 결합'과 '종합적 결합'이 있다. 덕과 행복이 논리적으로 연결돼 있으면 분석적 결합, 경험적으로 연결돼 있으면 종합적 결합이다. 분석판단에서 주어와 술어가 결합돼 있었듯 분석적 결합에서 덕과 행복은 필연적으로 연결돼 있다. 다시 말해 덕을 얻으려는 노력과 행복을 얻으려는 이성적 노력은 서로 다른 행위가 아니라 완전히 같은 행위라는 것이다. 덕을 위해 노력하는 사람은 저절로 행복을 위해 노력하게 된다. 종합적 결합은 덕과 행복의 관계가 인과율에 따른다고 보는 것이다. 원인이 결과를 낳듯이 덕을 쌓는 것이 원인이 돼 덕과는 별개의 대상인 행복을 누리게 되거나, 행복해지려는 노력이 원인이 돼 행복과는 별개의 덕을 갖추게 된다고 보는 것이다. 분명 덕과 행복은 다른 것인데 한 가지만 추구하면 다른 한 가지가 저절로 따른다는 개념이다. 묘하게 결과적으로는 분석적 결합과 종합적 결합의 결과가 같은 듯하지만 논리적으로는 완전히 다르다.

칸트가 보기에 고대 그리스의 두 학파가 주장한 덕과 행복의 결합은 모두 분석적 결합이었다. 에피쿠로스학파는 행복을 더 근원적으로 보았고, 행복을 추구하는 것이 곧 덕을 추구하는 것과 같았다. 반면 스토아학파는 덕을 더 근원적으로 보았고 덕을 추구하면 행복은 저절로 추구된다고 봤다. 에피쿠로스학파에게는 행복을 추구하는 지혜는 윤리성과 같은 것이었고, 스토아학파는 덕을 추구하는 인간은 무조건 행복하다고 생각했다. 그러다 보니 두 학파 모두 덕과 행복이 한 가지 원리라고 밝히고 있지만 이런 결론에 도달하기까지의 과정, 즉 방법에 있어서는 큰 차이를 보였다. 행복을 주된 원리로 삼은 에피쿠로스학파는 감성적인 면에서 방법을 찾은 반면, 덕을 주된 원리로 삼은 스토아학파는 이성적인 면에서 방법을 찾았다. 정리하자면, 에피쿠로스학파에게 덕은 자기 자신의 행복을 촉진하라는 준칙 안에 이미 포함돼 있었고, 스토아학파는 행복의 감정이 이미 자신의 덕을 의식하는 것 안에 포함돼 있었다.

하지만 칸트가 보기에는 이 두 학파 모두 덕과 행복을 무리하게 결합하려는 문제를 안고 있었다. 성격이 전혀 다른 두 개념을 억지로 통일시키려 하다 보니 오류가 날 수밖에 없다는 것이다. 예를 들어 행복하고 즐겁게 사는 사람이 곧 덕이 있는 사람이라고 할 수도 없고, 도 닦듯이 덕을 추구하는 사람이 반드시 행복하지도 않을 것이기 때문이다. 하지만 기원전 3세기 고대 그리스는 변증법적 사고가 발달했던 까닭에 덕과 행복이 일치할 가능성을 정신적으로 보았을 확률이 높다. 그러나 칸트에게 이것은 개념적으로 불가능한 일이었다.

덕과 행복이 결합할 때
비로소 최고선에 도달할 수 있다

이를 제대로 풀어내려면 근본적인 발상의 전환이 필요하다. 덕과 행복은 분석적인 결합이 불가능한 개념이다. 즉, 하나를 열심히 갈고닦으면 그 근원에 다른 하나도 있는 걸 발견할 수 있는 그러한 종류의 개념이 아니다. 덕과 행복은 전혀 다른 요소이기 때문에 종합적 결합을 고려해야 한다.

이론 영역에서 종합적인 것은 몇몇 수학적 종합판단 외에는 경험적이었다. 그러나 실천이성의 영역에서는 문제가 다르다. 덕과 행복의 결합은 선험적인 것이고 따라서 경험으로부터는 도출할 수 없는 것으로 인식될 수밖에 없다.

실천이성의 영역에서 덕과 행복이 결합하면 최고선의 상태가 된다. 최고선은 실천이성의 목표다. '최고'는 가장 높다는 것, 즉 '최상'을 의미할 수도 있고, '완전'하다는 의미일 수도 있다. 최상이라는 것은 그 자체로 무조건적임을 뜻한다. 최상에 있으므로 어디에도 종속되지 않는다. 완전한 것보다 더 큰 것은 없다. 최고선은 곧 '완전선'을 의미한다. 최고선에서 덕은 언제나 완전선의 조건 역할을 하는 최상선이다. 덕을 이루기 위한 더 이상의 조건이 필요하지 않기 때문이다. 그러나 행복이 최고선과 관련

되기 위해서는 언제나 도덕 법칙에 알맞은 덕스러운 태도를 전제할 수밖에 없다. 다시 말하면 최고선이 되기 위해서는 먼저 최상선을 이루어야 하는데 그것이 바로 덕을 성취하는 것이다.

덕을 성취하면 일단 최상선에 도달할 수 있다. 이것만 해도 인간으로서는 도덕적으로 높은 경지에 도달하는 것이다. 덕이 충만한 인간, 즉 누가 보아도 덕스러운 자는 존경받을 만한 인간이다. 덕을 베푸는 사람들을 존경하지 않을 수 없다. 내가 하지 못하는 어려운 것들을 하기 때문이다. 대표적으로는 자신도 그리 형편이 넉넉하지 못 한데 때가 되면 어려운 이들을 위해 기꺼이 기부를 하는 사람들이다.

그런데 칸트에 의하면 여기까지 해서는 최고선에 도달한 것이 아니다. 그렇게 덕을 베풀면서 행복하기까지 해야 최고선에 도달한 것이다. 정말 착하게 사는데 그 사람이 행복하지 않고 고통 받고 불행하다면 그건 누가 봐도 잘못된 세상이다. 그런 사람을 보면 누구라도 세상에 정의고 도덕이고 필요 없다는 생각을 하게 될 것이다. 정말 착하게 사는 사람이 행복까지 누리는 상태, 그런 상태야말로 완벽하게 좋은 상태이며 최고선의 상태가 실현된 것이라고 칸트는 말했다.

행복은 윤리에서 빼놓을 수 없는 것이다. 하지만 앞에서 말했듯 행복이 윤리의 기초는 될 수 없다. 두 개념은 기원도 다르고,

바로 합쳐질 수도 없다. 그렇다면 칸트는 두 개념을 어떻게 결합시킬 수 있다고 생각한 걸까.

도덕감이 우리의 욕망을 지배하고 있다

이럴 수도 저럴 수도 없는 불가능한 상황을 이율배반二律背反이라고 한다. 행복이 덕의 원인이 될 수도 없고, 덕이 행복의 원인이 될 수도 없는 이런 이율배반을 해결하기 위한 실마리를 칸트는 인간 양면성에서 찾는다. 인간은 한편으로는 자연계에 속해 있으면서 다른 한편으로 예지계에 속한다. 이를 바탕으로 보면 행복을 얻으려는 노력이 덕 있는 마음씨의 토대가 된다는 것은 말이 안 된다. 행복을 얻으려는 노력은 감성적인데 덕은 이성적이기 때문이다. 그러나 덕 있는 마음씨가 필연적으로 행복을 낳을 수 있다는 명제는 부분적으로 가능하다. 자연계에서는 거짓이지만 예지계에서는 가능하기 때문이다. 인간은 감성 세계 안에 있지만 실천이성을 통해 도덕 법칙을 지키는 예지적 존재자로서의 모습도 보여 주기 때문이다.

우리는 도덕 법칙을 따를 때 분명 어떤 종류의 기쁨을 느낀다. 예를 들어 지하철 계단을 올라가다가 무거운 짐을 들고 가는 노인을 발견하고 그의 짐을 대신 들어 줄 때면 비록 몸은 힘들지만 마음엔 기쁨이 스며든다. 길을 잃고 헤매는 아이를 발견하고 부모를 찾아 주었을 때도 내 시간과 수고를 들였음에도 불구하고 벅차오르는 기쁨이 있다. 칸트는 이런 기쁨을 자기만족이라고 한다. 이는 덕을 의식할 때 반드시 따라서 생기는 스스로에 대한 흡족함이자 행복과 비슷한 상태를 가리킨다.

칸트가 말한 인간이 도달해야 할 최고의 목표인 최고선에 닿기 위해서는 먼저 최상선에 도달해야 한다. 최상선은 윤리성이 확보될 때 가능하다. 윤리성을 확보하고 우리가 행한 선행에 대해 만족할 때 자연스럽게 도덕감이 자신의 욕망을 지배하고 있다는 사실을 느낀다. 그리고 이런 인격에 대한 만족감은 스스로를 행복하게 한다.

돈이 많으면 행복할까? 덕이 있게 될까? 어떻게 하면 좋은 세상이 찾아올까? 정치와 사회가 늘 고민하지만 또 언제나 답을 찾기 어려운 것이 현실이다. 새는 좌우의 날개로 난다. 정치도 좌우가 있다. 이로써 세상은 균형 있게 존재한다. 현실 사회의 문제는 좌파냐 우파냐의 문제가 아니다. 문제는 사람들이 얼마나 자기 욕망을 뒤로하고 윤리성을 우선하느냐이다. 윤리의식 없는 정치인은 국민이 퇴출시켜야 한다. 나 자신의 행복을 위해서 내 자식의 행복을 위해서 우리는 어떻게 하면 덕 있는 삶을 살 것인가에 관해 이야기해야 한다. 인격적인 인간이 행복할 수 있는 세상이 행복한 미래를 약속한다.

칸트가 말한

인간이 도달해야 할 최고의 목표인

최고선에 닿기 위해서는

먼저 최상선에 도달해야 한다.

최상선은 윤리성이 확보될 때 가능하다.

Immanuel Kant

4부

무엇을 추구해야 할까

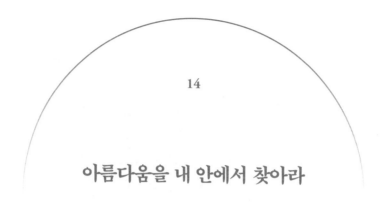

14

아름다움을 내 안에서 찾아라

"한 객관의 표상에서, 그 표상의 대상과 관계하지 않고 주관과 관계를 형성하는 것은 그 표상의 미적 성질이다."

이마누엘 칸트,《판단력비판》(BXLIII)

1909년 오스트리아의 빌렌도르프에서 철도 공사를 하던 중 구석기 지층에서 11.1센티미터의 작은 조각상이 발견됐다. 발견된 장소의 이름을 따 〈빌렌도르프의 비너스〉(152쪽)라 부르게된 이 조각상은 비너스라는 이름에 비해서는 "와! 아름답다!"하는 감탄은 나오지 않는다. 솔직히 개인적으로 도무지 뭘 아름답다고 해야 할지 모르겠다. 비너스라고 하면 아름다운 미의 여

〈빌렌도르프의 비너스〉

신이 떠오르는데 〈빌렌도르프의 비너스〉는 얼굴은 없고 가슴과 엉덩이가 과할 정도로 강조된 여인상이기 때문이다. 전혀 사실적이지도 않다. 사실 〈빌렌도르프의 비너스〉에는 풍요와 다산을 기원하는 제의적 의미가 담겨 있다. 이는 구석기 시대 사람들이 가장 중요하게 생각했던 가치다. 당시의 아름다움은 생존과 분리될 수 없었기에 지금 우리의 시각과 달리 그들에게는 이 조각상이 한없이 아름다웠을지 모른다.

반면 오늘날에는 아름다움에 어떤 물리적 전형이 존재하는 듯하다. 커다란 눈, 높은 코, 하얀 피부, 작은 얼굴 등 서구적 얼굴을 미인상으로 정해 놓고, 미디어에서도 이런 외모가 각광받는다. 고등학교 졸업과 동시에 쌍꺼풀 수술을 받는 경우도 흔하다. 불과 30년 전만 해도 성형수술을 받았다는 사실을 굳이 밝히지 않았는데 요즘은 수술 사실을 당당하게 밝힐 뿐 아니라 듣는 사람도 대수롭지 않게 여긴다.

아름다움에도 유행이 있다. 시대마다 세대마다 그리고 지역마다 차이가 발생하는 건 아름다움이 결코 고정돼 있지 않다는 의미다. 따라서 아름다움의 기준을 밖에서 찾으려고 하다 보면 만족할 수 없다. 오늘은 이런 걸 아름답다고 하지만 내일은 다른 걸 아름답다고 할지 모르기 때문이다.

진정한 아름다움을 추구하라

칸트는 '모든 것은 나 자신이 구성한다.'라고 강조한다. 대상의 진실도 내가 구성하는 것이고 아름다움도 내가 판단하는 것이다. 세상에 아름다움의 기준이란 존재할 수 없다. 나 스스로 내면의 아름다움을 추구하다 보면 누군가는 그 아름다움을 알아봐 줄 때가 있기 마련이다. 그리고 그 아름다움에 동의하는 사람들도 생겨난다.

2024 파리 올림픽 사격 부문에서 우리나라의 김예지 선수가 은메달을 땄다. 우리나라에서 사격은 올림픽에서 늘 메달을 따는 효자 종목임에도 불구하고 평소에는 그리 인기가 많지 않다. 아는 축구 선수의 이름을 대 보라고 하면 얼마든지 댈 수 있지만, 아는 사격 선수 이름을 대 보라고 하면 바로 떠오르지가 않는다. 그런데 이번 올림픽을 통해 김예지 선수는 확실히 눈도장을 찍은 것 같다. 파리 올림픽 당시 경기에 집중하는 김예지 선수의 모습이 전 세계에 생중계 되면서 국내뿐 아니라 전 세계 많은 사람들이 그의 모습은 누구보다도 아름다웠다고 극찬했다. 일론 머스크가 자신의 SNS를 통해 김예지 선수에게 찬사를 보내면서 그의 인기는 더욱 확산됐다. 그리고 급기야 그는 유명 명품 브랜드의 모델이 돼 화보도 찍었다. 모델 일을 수락한 이유에

대해 김예지 선수는 '비인기 종목인 사격이 조금이나마 더 알려지는 계기를 만들어 줄 수 있을 것 같아서'라고 밝히기도 했다.

얼굴이 예쁘고 몸이 날씬하다고 해서 아름다운 게 아니다. 자신이 좋아하는 일을 열심히 하는 그 모습 자체가 아름답다. 그러니 아름다움의 기준을 타인에게 두지 말자. 나만의 아름다움을 추구할 때 진정 아름다울 수 있다.

아름다움의 황금 비율 1:1.618

처음 프랑스 파리로 여행을 가는 사람들이라면 빼놓지 않고 들르는 곳이 루브르 박물관이다. 그중에서도 이탈리아의 천재 화가 레오나르도 다빈치Leonardo da Vinci의 〈모나리자〉가 전시된 전시관은 그림을 직접 보고 싶어 찾아온 사람들로 늘 인산인해를 이룬다. 다빈치의 작품이라 보고 싶은 것도 있지만 세계 최고의 아름다움이라고들 말하니 궁금한 마음도 있다. 막상 가서 보면 생각보다 작은 크기에 실망하기도 하지만 진품에서 뿜어 나오는 아우라가 전시관을 경탄과 경외의 장소로 만든다.

〈모나리자〉만의 매력과 아름다움에 대해서는 수많은 해석이 있다. 그중 가장 객관적인 해석이 아마 황금 비율일 것이다. 아름답게 나뉜 최상의 비율이라는 뜻의 황금 비율은 다빈치의 〈모나리자〉 안에서 무수히 많이 발견된다. 우선 〈모나리자〉 속 여인의 콧볼 대 입 길이의 비율이 황금 비율인 1:1.618이고, 얼굴 가로 대 세로 길이의 비율이 1:1.618이다. 이외에도 그림을 여러 각도에서 쪼개 보면 〈모나리자〉는 황금 비율로 이뤄져 있다고 해도 무방할 정도다.

밀로 섬에서 발견된 여신상 〈밀로의 비너스〉 역시 미의 상징으로 꼽힌다. 양쪽 팔이 없는 채로 발견된 대리석 상을 뭘 보고 미의 상징으로 꼽았을까? 얼굴이 예뻐서? 그건 아닐 것이다. 〈밀로의 비너스〉를 연구한 결과, 머리끝에서 배꼽까지 대 배꼽에서 발바닥까지, 그러니까 상체 대 하체의 비율이 1:1.618이고 또 머리끝에서 목까지 대 목에서 배꼽까지의 비율이 역시 1:1.618이라고 한다. 〈밀로의 비너스〉 속 아름다움의 비밀 또한 황금 비율에 있었다.

이런 황금 비율들을 보고 있자니 정말 아름다움에도 법칙이 있는 게 아닐까, 하는 생각도 든다. 정말 그럴까?

미학은 칸트 이전과 이후로 나뉜다. 칸트 이전의 미학이 법칙을 통해 아름다움을 찾았다면 이후의 미학, 즉 칸트가 말한 아름다움은 사람의 감정에 있다. 그리고 그 감정에는 법칙이 존재하지 않는다.

레오나르도 다빈치의 〈모나리자〉 　　　〈밀로의 비너스〉

규정된 건 없다, 다만 내가 규정할 뿐

1790년 출간된 칸트의 《판단력비판》은 1부에서는 '미', 2부에서는 '목적론'을 다룬다. 칸트 자신은 이 책의 중심 내용이 1부에 있다고 했지만 책 전반에는 선험적인 자연의 합목적성의 원리가 깔려 있다. 간단하게 말하면 아름다움과 목적론 두 가지를 꿰뚫고 있는 원리는 합목적성이라는 것이다. 그래서 '미적 판단력비판'으로서의 미적 판단과 '목적론적 판단력비판'으로서의 자연의 목적론은 《판단력비판》의 체계 내에서 결합하게 된다. 합목적성이란 쉽게 말하면 원리는 알 수 없지만 전체가 조화로운 어떤 법칙에 의해 적합한 목적을 찾아간다는 것이다. 예를 들어 인간은 신체 안에 있는 실핏줄, 신경, 장기 하나하나의 원리를 다 파악하지 못 하지만 인간이 매일매일 생명을 연장하는 신비로운 생명체라는 사실은 안다. 인간 생명체의 정확한 원리는 알 수 없을지언정 어떤 체계적인 목적성을 갖고 잘 돌아간다는 것, 이것이 바로 합목적성이다.

칸트에게 합목적성을 알 수 있게 하는 원리는 반성적 판단력이다. 칸트는 《순수이성비판》에서 제시하지 않았던 원리를 《판단력비판》에서 새롭게 제시한다. 그것이 '규정적 판단력'과 '반성적 판단력'의 구분이다. 규정적 판단력이란 '보편이 주어져 있는 경우, 특수를 이 보편 아래에 포섭하는 판단력'을 말하고, 반성적 판단력은 '오직 특수만이 주어져 있고, 판단력이 이 특수에 대하여 보편을 찾아내야 할 경우'의 판단력을 말한다.

규정적 판단력은 이론 인식의 차원에서 활동하는 판단력이다. 이론 인식은 《순수이성비판》에서 볼 수 있는 활동으로, 감성적 직관의 다양들을 상상력이 종합하고 도식 작용을 거쳐 범주에 의해 규정된다. 앞에서 설명했듯 우리의 감각으로 들어온 잡다한 질료들을 종합하고 규정하는 것이다. 칸트에 따르면 학문적 인식의 경우 범주가 미리 보편으로 주어져 있기 때문에 상상력은 이 개념에 맞는 종합 활동을 수행한다. 이 경우 상상력은 '잡다함'을 개념에 의해 요구된 범위 내에서만 활동하기 때문에 제한적이다.

그럼 반성적 판단력이란 무엇일까? 자연엔 너무나 많은 변화와 많은 다양이 있다. 그렇기 때문에 순수 지성의 선험적 법칙으로는 규정할 수 없는 부분이 존재한다. 즉, 쉽게 범주에 들어오지 않는 부분들이 많다는 것이다. 칸트는 무규정적으로 남아 있는 것들에게 법칙을 줄 수 있어야 한다고 생각했다. 그렇지 않고서는 세계를 통합적으로 설명하는 것이 불가능해지기 때문이다. 규정되지 않은 것이 많아질 경우 칸트가 생각하는 완벽한 세계는 물거품이 되고 우연이 넘쳐나는 세상이 될 것이다. 반성적 판단력은 자연에 무규정적으로 남아 있는 다양한 것들에 법칙을 주는 능력이다.

다양한 아름다움이 인정받는 세상

들판에 고고히 피어 있는 장미는 아름답다. 물론 우리는 누구나 그 장미를 보고 "아름답다."라고 말한다. 그러나 길가에 핀 보잘 것없는 풀꽃도 내가 마음을 쓰고 자세히 보면 나만의 아름다움을 발견할 수 있다. 칸트는 반성적 판단력을 통해 다양한 아름다움을 발견할 수 있다고 보았다. 아름다움이란 법칙처럼 정해진 것이 아니다. 미적 대상을 만나는 순간 나의 상상력과 지성이 자유롭게 유희하다가 반성적 판단력을 통해 나에게 아름다움의 감정을 주는 것이다. 그 순간 나는 아름다움에 대해 경탄하게 되고 누가 가르쳐 주지 않은 나만의 아름다움과 마주친다. 아름다움은 황금 비율도 아니고 금빛으로 번쩍이는 후광도 아니다. 그저 나의 상상력과 지성이 유희하다 내려진 반성적 판단력으로 만나게 되는 순간이다.

아름다움이란 자연계의 법칙에 근거를 두지 않는다. 단지 사람들 개개인이 느끼는 감정 안에 근거를 둔다. 인간은 모두 개별 경험과 배경을 갖는다. 아름다움의 순간을 마주하는 경험은 모두 다를 수밖에 없다. 같은 장소에서 같은 장면을 보더라도 살아온 배경이 다른 개인들은 각자의 경험을 한다. 다양한 경험이 주어지고 그 안에서 반성을 거쳐 미적 판단을 내리는 것, 이것이 바로 칸트 미학의 핵심 메시지다.

칸트의 미학 또한 《순수이성비판》과 《실천이성비판》처럼 선험적 원리를 기초로 한다. 그것이 앞서 말한 합목적성이다. 인간은 미적 판단을 경험적으로 하지만, 결국 크게 목적론적인 측면에서 보면 인간은 아름다움을 향해 가고 있다. 이 선험적 법칙 안에서는 아름다움을 미리 판단하지 않는다. 인간은 충분히 개별적인 순간들과 마주치고, 아름다움을 판단하고 경탄하고 느낀다. 그런 과정을 거친 뒤에 결과적으로 아름다움은 합목적성을 향해 나아간다.

칸트는 인간 중심의 미학을 주창했다. 인간이라면 누구나 아름다움을 판단할 수 있다. 어떤 사람에게는 더 없이 못생긴 사람도 다른 누군가에게는 세상에서 가장 아름다운 사람일 수 있다. 우리 속담에 '짚신도 제 짝이 있다.'라는 말이 괜히 있는 것이 아니다. 진짜 누구도 거들떠보지 않을 것 같은 짚신이지만 누군가에게는 그 짚신이 아름다워 보이는 마법이 일어나는 것이 아름다움의 세계다.

미스코리아 같은 미인 대회가 인기였던 때가 있다. 물론 지금도 이런 대회가 있긴 하다. 그런데 이전만큼 크게 주목받지 못하는 것 같다. 아름다움에 기준이 있다고 생각했던 시대에서 개성을 추구하는 시대로 변화하고 있기 때문이다. 그럼에도 한편으로는 꽃미남 보이그룹이나 요정 같은 걸그룹에 여전히 열광한다. 그래도 유튜브로 대변되는 1인 미디어로 다양한 사람들이 자신의 개성을 살려 활동하고 이에 매력을 느낀 대중에게 사랑받는 건 좋은 현상이다.

자신만이 가진 매력으로 사람들의 마음을 파고드는 것, 그것이 아름다움과 경탄이다. 다양한 빛깔의 인간, 다양한 빛깔의 아름다움이 이제 우리가 만들어가야 할 진정한 아름다움의 세계관이다.

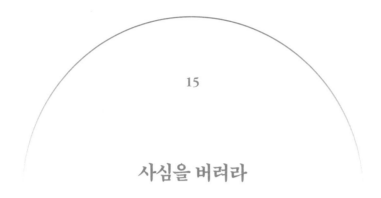

15

사심을 버려라

현대 미술품 경매를 주도하고 있는 회사 소더비는 1744년 런던에서 설립됐다. 유럽 혁명 이후 18세기부터 부르주아들은 다양한 방식으로 부를 축적했는데 미술품 소유도 그중 하나였다. 소더비가 설립된 해에 첫 미술품 경매에서 가장 주목받은 작품은 이탈리아를 대표하는 화가 중 한 명인 페테르 루벤스Peter Rubens의 그림이었다. 기억하는 사람도 있겠지만 애니메이션 〈플랜더스의 개〉에서 주인공 네로가 돈이 없어서 보지 못 했던 성당의 그림도 루벤스의 작품이었다. 그림을 좋아해 화가를 꿈꿨지만 가난 때문에 보고 싶은 그림도 마음껏 볼 수 없었던 소년이 있는 반면, 경매를 통해 고귀한 명화를 고가에 척척 구매하는 사람도 있다. 최근 소더비에서 거래되는 유명 미술품들은 한화로 몇 십억 원에서 몇 백억 원 이상의 고가로 이슈가 된다. 미국의 사실주의 화가 에드워드 호퍼Edward Hopper의 작품 〈찹 수이〉는 2018년 무려 한화로 1,040억 원에 팔려 최고가를 기록했다.

값을 매기는 순간 미적 가치는 상실된다

예술 작품의 본질이 아름다움이냐, 돈이냐를 묻는다면 답이 너무 뻔할까. 철학자의 입장에서 예술 작품의 본질은 당연히 미의 추구, 즉 아름다움에 있다고 답할 것이다. 그러나 현대 자본주의 사회를 생각하면 이게 과연 정답일까 하는 의문이 든다. 예술 작품이 재테크가 된 건 소더비 경매 이전부터라고 할 수 있으니 벌써 300년이 넘었다. 요즘은 젊은 사람들 사이에서도 미술품 경매를 통해 차익을 남겨 돈을 벌었다는 이야기를 심심치 않게 들을 수 있다. 유명하지 않은 예술가의 작품이라도 안목이 있으면 구입해서 누구나 돈을 벌 수 있다고 그들은 말한다. 남들보다 앞서서 저평가된 작품을 알아보고 싼 값에 구매해 되파는 일이 이미 새로운 자본 시장을 형성하고 있으니 심미안이 곧 돈이 될 수 있는 세상이다.

하지만 경매에 나온 예술 작품들은 객관적 가치를 매기는 것이기에 칸트의 말대로라면 미적 대상이 아니다. 단지 교환 가치를 지닌 상품일 뿐이다. 상품을 보면서는 미적 가치를 느낀다고 말할 수 없다. 철저하게 이익을 따지기 때문이다. 거기서 아름다움을 느낀다고 한다면 그것은 거짓말이다. 내가 아름답다고 느낀다고 할지라도 칸트에게 있어 그것은 거짓이다. 돈을 주고 구매한 예술품은 차익을 통해 수익을 실현하기 위한 대상으로서만 존재한다. 다빈치의 작품이든, 호퍼의 작품이든 상관없다. 경매 시장에서 비싼 값을 주고 구매한 작품들은 나에게 쾌감을 줄 수는 있을지언정 미적 쾌감이 아닌 앞으로 생길지 모르는 수익에 대한 짜릿한 쾌감, 흡족 혹은 만족감이다. 만약 작품을 비싼 값에 구매했지만 절대 팔 생각이 없고 죽을 때까지 감상만 하려고 한다면 어떨까. 그럴 경우 그림을 산 당사자에게는 그 그림이 미적 대상이 될 수도 있다. 하지만 그 사람이 죽을 때 예술 작품을 가지고 가지 않는 이상 그림은 또다시 후손에게 전해질 것이고, 언젠가는 다시 교환 가치의 대상이 되는 운명을 맞이하게 될 것이니 그때는 또다시 미적 가치를 상실할 수밖에 없다.

그렇다면 칸트가 이야기하는 주관적인 미의 판단이란 무엇일까? 자본주의 세상에서 사는 우리에게 주관적인 미의 판단은 과연 가능할까?

사심 없는 마음

가끔 인사동에 가곤 한다. 인사동 곳곳에 있는 갤러리들에서는 작은 전시부터 큰 전시까지 다양하게 열린다. 갤러리에서는 실제 작품이 거래되기도 하는데 나는 대체로 작품 감상만 하고 나오는 편이다. 대부분의 사람들이 그렇게 스쳐 지나간다. 이렇게 스쳐 지나가듯 작품을 감상하는 사람들, 그 사람들이 바로 미를 향유하는 사람들이다. 가격대가 높은 미술품 재테크는 딱히 생각해 본 적 없는 대부분의 사람들은 전시회장에 가면 그냥 한 바퀴 쭉 돈다. 그러다 마음이 가는 그림이 있으면 그 앞에 가만히 서서 한참을 바라본다. 그렇게 서 있다 보면 마음으로 작품이 들어오는 듯도 하고, 작품이 나를 어딘가로 데리고 가는 듯한 기분도 든다. 그때가 미적 향유의 순간이다.

유럽 여행을 다녀온 대학생 딸이 파리 루브르 박물관에서 〈모나리자〉 진품을 보고 온 후기를 들려줬다. 사람들이 많아서 가까이 볼 수 없었고, 너무 작아 실망했다고 말하면서도 '그래도 저기에 〈모나리자〉가 있구나.'라고 생각하니 마음이 설렜다며 웃어 보였다. 여태 실제 작품을 본 적은 없지만 어릴 때부터 나는 〈모나리자〉를 좋아했다. 어린 시절 아버지가 구해 오신 달력에서 처음 본 〈모나리자〉는 나를 보며 항상 웃고 있었다. 그때 그 느낌을 잊을 수 없다. 비록 실제 작품은 보지 못 했지만 〈모나리자〉에 관한 다양한 자료를 찾아 읽으면서 작품에 관해 깊이 알게 됐다.

〈모나리자〉의 가치는 어떻게 책정할 수 있을까? 자본주의적 관점에서 돈으로 환산할 수 있을까? 〈모나리자〉는 현재 아무도 구매할 수 없다. 프랑스 국립 박물관 소유이기 때문이다. 그래서 누구도 〈모나리자〉에 대해서는 가격을 매길 생각도, 경매에 부칠 생각도 하지 않는다. 가치를 측정하지 않고 있는 그대로를 즐기는 것이 바로 인간이 느낄 수 있는 주관적이고 미적인 판단이다. 이는 미적 대상에 대해 진심으로 사심이 없을 때 비로소 가능해진다.

쾌적함과 아름다움의 차이

칸트는 쾌적함과 아름다움의 차이에 대해서도 설명했다. '쾌적하다는 건 누군가에게 즐거움(쾌락)을 주는 것을 말하고, 아름답다는 건 누군가에게 만족을 주는 것을 말하며, 좋다는 건 존중되고 시인되는 것, 다시 말해 누군가에 의해 객관적 가치를 부여받는 것을 말한다.'(B15) 어떻게 보면 비슷비슷한 감정 같아 보이지만, 각각의 감정으로 칸트는 인간다움의 특징을 이야기한다.

본능이 인간과 동물의 공통 특징이라면 이성은 인간만이 가진 특징이라고들 한다. 쾌적함은 어떨까. 쾌적함은 동물과 인간 모두에게 적용되는 감정이다. 동물도 쾌적한 상태를 매우 좋아한다. 반려동물을 키우는 사람들은 알 것이다. 동물도 자신이 가장 쾌적해하는 환경이 있다. 동물은 스스로 쾌적하고 만족해하는 상태가 되면 가장 편안한 자세로 휴식을 취한다. 고양이 두 마리를 키우고 있다. 간식을 맛있게 먹고 무릎 위로 올라온 고양이들을 살살 쓰다듬어 주면 '골골송(고양이가 낮게 반복적으로 그르렁거리는 소리를 지칭하는 말)'을 부르며 편안히 쉰다. 때때로 몸을 축 늘어뜨리고 코까지 골면서 자는 걸 보면 쾌적함 그 자체인 듯싶다. 사람도 마찬가지다. 더운 여름날 야외 활동을 하다가 집에 돌아와 샤워하고 에어컨 바람을 쐬며 얼음물을 들이켜는 순간,

더 이상 무슨 말이 필요할까. 이상 고온 현상으로 지구는 점점 뜨거워지고 여름은 그 옛날의 여름이 아니다. 산과 계곡으로 놀러 가는 것도 낭만적이지만 그저 에어컨 바람 쐬며 얼음물 마시는 것만큼 쾌적한 것이 또 있을까.

하지만 아름다움은 오직 인간만이 느끼는 감정이다. 앞에서는 예술 작품을 관조하며 느끼는 미적 향수에 관해 이야기했지만, 길가의 들꽃 한 송이, 해 질 녘 서쪽 바다로 넘어가는 태양, 시골에서 바라보는 별이 가득한 밤하늘 모두 미적 대상이다. 나는 이것들을 바라보며 아무 사심 없이, 당연하겠지만 사고팔까 하는 생각은 전혀 하지 않고, 감탄하며 있는 그대로 즐긴다. 아름다운 것은 지하 창고에 감춰 두고 혼자 보며 즐기는 그림이 아니다. 누구나 그 아름다움을 함께 보고 이야기하고 싶어 하는 것이다.

얼마 전 한 선배가 살고 있는 강원도 홍천에 지인들과 함께 다녀왔다. 밖에 나가 밤하늘을 보던 몇몇이 집 안에 있는 사람들을 불렀다. "별 좀 봐!" 평소 도시에서는 밤하늘을 봐도 밝은 조명 때문인지 별이 없었는데 그와는 완전히 다른 밤하늘이었다. 캄캄한 하늘에 별이 가득했다. 이 아름다운 하늘을 먼저 본 이들은 함께 보자며 다른 사람들을 불렀다. 이처럼 아름다움은 함께 청해 즐기고 느끼고 싶은 법이다.

아름다움을 타인과 공유하는 마음

앞에서 이야기했듯 아름다움은 주관적이다. 대상과 만났을 때 내가 아름답다고 느끼는 것이 곧 아름다움이다. 여기서 나아가 칸트는 인간에게는 공통감정이 있어서 아름다움을 함께 나누고 이야기할 수 있다고 했다. 공통감정이란 내가 아름답다고 느끼는 것을 다른 사람도 아름답다고 느낄 수 있다는 것이다. 인간이기에 통하는 것이 있고, 이로써 우리는 함께 아름다움에 관해 이야기할 수 있다.

특별한 사람만 예술 작품을 감상할 수 있는 것은 아니다. 누구나 예술 작품을 감상할 수 있고, 누구나 자신이 느낀 아름다움에 관해 이야기할 수 있다. 평론가들만 아름다움에 관해 이야기할 수 있는 줄 알았던 때도 있지만 지금은 눈치 보지 않고 내 느낌, 내 감상을 마음껏 이야기하는 시대다. 지인들끼리만 나누는 데 그치지도 않는다. SNS를 통해 불특정 다수를 대상으로 자신의 생각을 공유한다. 번역기도 잘 돼 있어서 언어도 장벽이 되지 못한다. 사심 없는 마음으로 나의 주관 속 아름다움을 타인과 마음껏 나누는 것만큼 아름다운 것도 없다.

쾌적하다는 건 누군가에게 즐거움(쾌락)을 주는 것을 말하고,
아름답다는 건 누군가에게 만족을 주는 것을 말하며,
좋다는 건 존중되고 시인되는 것, 다시 말해
누군가에 의해 객관적 가치를 부여받는 것을 말한다.

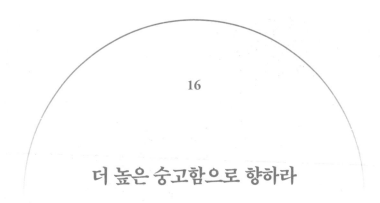

16

더 높은 숭고함으로 향하라

"즉, 숭고한 것이란 그것을 단지 생각할 수 있다는 것만으로도
감각의 모든 척도를 넘어서는 마음의 능력을 증명하는 것이다."

이마누엘 칸트, 《판단력비판》(B85)

'누구도 가 보지 못 했던 세상, 오늘 하늘을 들어올렸다!' 2008
년 베이징 올림픽 당시 장미란 선수가 금메달을 결정짓는 무게
를 들어 올렸을 때 모 방송사에서 내보냈던 자막이다. 당시 장미
란 선수는 인상 140킬로그램, 용상 186킬로그램, 합계 326킬로
그램으로 종전 세계 신기록보다 3.5킬로그램 더 높은 기록으로
세계 신기록을 갈아치우며 우승을 거머쥐었다. 그 아름다운 모

습에 국민들은 열광하고 환호했다. 이때 우리가 느끼는 아름다움은 어디로부터 오는 걸까?

불편할 정도로 벅찬 만족감

인간이 아름다움을 느끼는 데는 두 가지 경로가 있다. 하나는 자유롭게 유희하는 '상상력'과 '지성'이 어우러져 어느 순간 합치할 때 느끼는 아름다움이다. 앞에서 이야기했던 미의 여신이나 아름다운 장미 혹은 별이 가득한 밤하늘 등이 이런 방식으로 우리 마음에 아름다움의 즐거움을 선물한다.

이와는 다르게 숨 막히는 아름다움을 느낄 때도 있다. 칸트는 이를 숭고미라고 했다. '상상력'과 '이성'이 어우러져 어느 순간 합치할 때 느끼는 아름다움으로, 아름다움으로 인해 느끼는 경탄 이상으로 내가 감당할 수 없을 정도의 벅찬 순간이라고 생각하면 이해하기 쉬울 것이다. 앞의 예에서 보듯 국가 대표 선수가 경기에 나가서 고난과 역경을 딛고 우승의 순간을 맞이할 때, 손에 땀을 쥐며 함께 경기를 관전하다가 환호하며 느끼는 아름다움이 그것이다. 경기를 뛴 선수는 물론이거니와 국민들의 가슴도 함께 벅차오른다. 이 벅차오름이 곧 칸트가 말한 숭고미다.

장미란 선수가 우리에게 보여 준 것은 단지 역기를 드는 모습 이상의 가슴 벅차 오르는 숭고미였다.

미적 체험을 하고 나면 인간은 만족감을 느낀다. 만족감이 없다면 미적 체험을 했다고 말할 수 없다. 숭고의 체험도 마찬가지이다. 다만 본질적으로 숭고함에 동반되는 만족감은 아름다움이 주는 만족감과는 다르다.

아름다운 대상을 볼 때는 어떠한 긴장이나 거부감을 느끼지 않는다. 장미를 보며 거부감을 느끼는 사람은 없다. 꽃가루 알레르기 환자라도 재채기는 할지언정 장미에 대해 거부감이 들지는 않을 것이다. 이처럼 미적인 것은 직접적으로 만족감을 준다.

하지만 숭고의 감정은 간접적으로 만족감을 준다. 숭고한 대상을 볼 때는 숨 막히는 전율 속에 빠져든다. 이는 '생명력이 일순간 저지돼 있다가 곧장 뒤이어 한층 더 강화돼 범람하는 감정에 의해 산출되는 것.'(B75)으로 나타난다. 숭고한 것에서 오는 만족은 적극적인 만족이 아니라 오히려 경탄이나 존경에 가까우며 소극적 만족이라 할 수 있다.

거대하거나 강하거나
우리를 압도하는 숭고미

숭고미는 다양한 데서 느낄 수 있다. 《판단력비판》에서 칸트는 크기로부터 오는 숭고미에 대해 설명했다. 이때 크기란 수 개념에서 온다. 수는 무한으로 진행되기 때문에 제일 큰 것이란 존재하지 않는다. 그러나 인간이 느끼는 감성, 즉 주관적으로 가장 큰 크기는 존재한다. 인간은 가장 큰 존재 앞에서 무력감과 함께 감탄과 경외심을 느낀다. 그것이 크기로부터 오는 숭고미다.

그렇다면 거대한 크기는 어떻게 느끼는 걸까? 칸트는 이집트의 피라미드를 예로 들었다. 피라미드와 너무 가까이 있으면 감동을 느낄 수 없다. 너무 가까우면 거대한 피라미드의 전체 크기를 파악하기 어렵기 때문이다. 너무 멀리 떨어져 있을 때도 감동을 느끼지 못 한다. 피라미드의 실제 크기를 느끼지 못 하고 작아 보이기 때문이다. 피라미드의 웅장함으로부터 오는 감동을 느끼기 위해서는 눈이 지면에서 피라미드의 정상까지 포착하는 데 약간의 시간이 걸리면서도, 처음 부분은 그 일부가 소실되고 총괄이 완벽하지 않은 상태여야 한다. 이런 감정 속에서 '상상력은 자신의 최대한도에 이르러 그걸 확장하려고 애를 써도 그러지 못 하고 자기 자신 안으로 빠져드는데, 이로 말미암아 하나의 감동적 흡족으로 들어가는 상태'(B88)가 비로소 숭고미를 느끼는 순간이다.

멀리 피라미드를 보러 갈 필요도 없다. 얼마 전 서울 잠실에 있는 롯데타워에 갔다. 103층 꼭대기에 올라가 아래를 내려다보니 아찔한 높이 때문에 머리가 어질어질했다. 롯데타워 앞에 서서 아래에서부터 위를 올려다보며 그 거대한 높이에 탄성을 지르게 되는 것이 바로 크기로부터 오는 숭고미다.

피라미드이든 롯데타워든 한눈에 바로 포착이 되면 거리가 너무 떨어져 크기에 압도될 수 없다. 너무 가깝지도 멀지도 않은 거리에서 위아래로 훑어볼 때 느껴지는 압도감, 그것은 객관적이지 않고 각자 주관적으로 느끼는 미적 감정이며 나 자신을 넘어서는 불쾌에 가까운 감정이다. 그러나 인간은 그런 크기에서 처음에는 불쾌감을 느꼈다가 이내 대단함과 경외감이라는 아름다움을 느낀다.

강한 데서 느껴지는 숭고미도 있다. 칸트는 이를 '역학적 숭고'라고 불렀다. 이번에도 예를 들어 보자. 인간이 자연을 관조할 때 간혹 나에게는 위험하지 않으면서도 강력한 자연 현상을 바라보게 될 경우가 있다. 나에게 해가 되지 않을 만큼 떨어져 있긴 하지만 눈으로 보이는 벼락이나 회오리바람 등 압도적인 위력을 만나면 엄청난 자연의 힘과 아름다움을 느낀다. 그것이

강해서 아름다운, 역학적 숭고미다.

흔하게는 아이맥스 영화관에서 생생한 화면으로 재난 영화를 볼 때 느끼는 위압감 또한 역학적 숭고미라고 할 수 있다. 칸트가 살던 시절에는 영화관이 없었으니 칸트에게 맞는지 물어볼 수는 없겠지만 영화는 전혀 위험하지 않은 상태에서 자연의 위력을 한껏 느끼게 해 주는 유용한 도구다. 영화관만큼 역학적 숭고미를 느낄 좋은 장소가 또 있을까. 물론 이 또한 주관적이기에 누구에게나 숭고미를 느낄 수 있게 해 주는 장소라고 할 수는 없다. 같은 영화를 함께 봐도 누구는 숭고미를 느끼는 반면 다른 이는 컴퓨터그래픽을 구경하는 장소로 여길 수 있기 때문이다.

사랑, 가장 고차원의 숭고함

객관적으로 눈에 보이는 거대함과 물리적으로 확인되는 강함은 아니지만 어쩌면 그보다 더 거대해서 숭고한 것도 있다. 자식을 향한 부모의 사랑이다. 모든 부모의 사랑이 숭고하다고 하기는 어렵겠지만 조건 없는 헌신적인 사랑의 상징으로 부모의 사랑은 종종 언급된다. 나의 어머니처럼 쉰이 넘은 딸에게 반찬을 만들어 챙겨 보내 준다거나, 당신이 힘들어도 자식을 위해 손자손

녀까지 돌보기를 마다 않는 우리네 부모님들이 여기에 포함된다. 각자 자신이 느끼기에 가장 크고 가장 넓기 때문에 그 감동은 세상 어디서 느끼는 것보다 강력하다. 어느새 노인이 된 부모의 주름진 얼굴, 굽은 허리, 빠진 이가 누가 뭐래도 내게는 숭고함 그 자체다.

진정한 숭고미 앞에서 나는 한없이 무력감을 느낀다. 흡사 신의 전지전능 앞에서 인간의 무력함을 절실하게 느끼며 보잘것없는 인간임을 고백하는 것과 같은 느낌이랄까. 인간은 비교할 수 없는 크기와 압도적인 위력감 앞에서 무력감을 느낀다. 하지만 무력감만을 느끼고 끝난다면 그건 종교일 것이다. 우리가 찾고자 하는 것은 무력감 뒤에 오는 감탄과 경외심이다. 인간은 숭고미를 느끼며 인간이 도달하지 못 하는 무한의 크기와 무한의 위력에 한 발짝 다가갈 수 있다. 위대한 인간을 보며 느끼는 경외심을 통해, 숭고한 희생을 하는 인간을 통해 인간은 인간이 도달할 수 없을 것 같은 한계 너머의 가능성을 엿볼 수 있는 것이다.

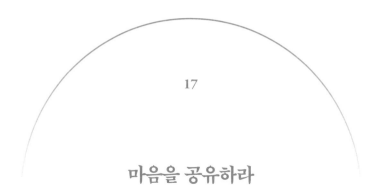

17

마음을 공유하라

"공통감이란… 전체 인간 이성에 자기의 판단을 의지하고, 그
렇게 함으로써… 자기의 반성에서 다른 모든 사람의 표상 방식
을 사유 속에서 고려하는, 하나의 판정 능력의 이념을 뜻하지 않
으면 안 된다."

이마누엘 칸트, 《판단력비판》(B157)

2004년 2월 미국 하버드 대학교에서 시작된 온라인 서비스 페
이스북은 전 세계 SNS 시장을 흔들어 났다. 하버드 대학교 3학
년에 재학 중이던 마크 저커버그 Mark Zuckerberg가 같은 학교 학
생들 간 친목을 위해 만든 이 네트워크 서비스는 하버드 대학교

를 넘어 주변 아이비리그 대학교들로 퍼져 나갔고, 2006년 드디어 일반인들에게까지 상용화했다. 당시 우리나라에는 싸이월드라는 한국식 SNS가 큰 인기를 모으고 있었는데 언제부턴가 페이스북에 밀리더니 아쉽게 서비스를 종료했다. 페이스북 이후 트위터(현재 엑스x) 등 다양한 SNS가 등장했는데 요즘 전 세계 SNS에서 가장 높은 시장점유율을 보이는 것은 단연 인스타그램일 것이다. 유튜브나 틱톡처럼 동영상 공유 플랫폼 이용자들도 꽤 많지만 개인 소통 창구로서의 역할은 인스타그램이 가히 독보적이다.

공유하는 즐거움, 공감받는 기쁨

최근 들어 인기 있는 장소에 많이 붙는 수식어가 '인스타그램 성지'다. 카페든 공원이든 관광지든 인스타그램 성지는 어디에나 있다. 사람들은 인스타그램에 자주 올라오는 풍경, 공간, 음식 등 인스타그램 성지를 잘 봐 뒀다가 찾아가서는 똑같은 배경으로, 똑같은 음식을 주문해 사진을 찍고 다시 인스타그램에 업로드한다. 남들이 가 보지 못 한 새로운 장소, 새로운 음식을 발견해 공유하면 더 인기를 모을 수 있지 않을까 싶기도 하지만 의외로 사람들은 내가 갔던 장소, 내가 먹은 음식에 공감대를 형성하고 친밀감을 느낀다. 누구나 한번쯤 인스타그램에 올라온 사진을 보다가 "아! 나 저기 갔었어!" "아! 나 저 음식 먹어 봤는데!" 하며 반가운 마음에 낯선 사람의 게시글에 '좋아요'를 눌러 본 적이 있을 것이다.

SNS 팔로워 수가 몇 만에서 몇 십 만 명이 될 정도로 많은 사람들을 '인플루언서'라고 부른다. 인플루언서는 연예인 못지않은 유명세를 누리는 건 물론이고, 광고 협찬을 통해 수익도 얻는다. 또한 인지도에 따라서는 명품을 선물 받거나 멋진 쇼에 초대되기도 한다. 그렇다고 SNS를 하는 모든 사람들이 인플루언서를 목표로 하는 건 아니다. 소소하게 친구들과 일상을 공유하는 사람들이 훨씬 더 많다. 그런데 그럴 때도 유명한 장소를 찾아가고 사진을 찍어 인스타그램에 업로드함으로써 '좋아요'를 받는 기쁨을 포기하긴 어렵다. 사람들은 왜 페이스북, 인스타그램 같은 SNS에 빠지고 열광하는 걸까.

인간에게는 공통감이 있다

20세기 독일의 철학자 한나 아렌트Hannah Arendt는 정치철학을 구상하면서 칸트의 미학을 적극적으로 도입했다. 그중에서도 아렌트가 특히 주목한 건 칸트의 '공통감'이었다. 앞에서 말했듯 칸트는 인간에게는 공통감, 즉 공통감각이 있다고 보았다. 이에 더해 아렌트는 그 때문에 인간이 정치적으로 의사소통하고 싶어 하는 것이라고 이야기한다. 칸트가 미적 판단 대상을 예술 작품이나 자연 같은 '사물'들로 한정시킨 것과 달리, 아렌트에게 미적 판단 대상은 '정치 행위'였다. '아름다운 것'에 대한 칸트의 정의는 아렌트에게로 와서 자기 충족적인 행위, 그 자체로서의 의미를 갖게 됐다. 다시 말해 아렌트는 공적 영역을, 세상 속에서 개인이 사적으로 소유한 장소와 구별되는 모두에게 공통된 '세계 그 자체'라고 했다. 칸트가 미적 대상에 대해 사심 없이 그대로 향유하고자 했던 것처럼 아렌트도 사적 소유 없는 공적 영역에서 의미 있는 의견을 나누는 행위를 칸트의 공통감에서 빌려 온 것이다.

아렌트는 이런 공적 영역의 이상적인 모델로 고대 그리스의 폴리스polis를 꼽는다. 고대 그리스인들이 아고라(광장)에서 일상적으로 만나 대화하고 토론했던 것처럼 정치적 삶이야말로 가장 인간다운 삶의 유형이며 인간 실존의 의미를 구현하는 형태라고 아렌트는 생각했다. 공적 장소에서 의견 나눔이 진행되려면 공통의 대화거리가 존재해야 한다. 이를 위해서는 같은 사회,

같은 정치적 이슈가 공통감으로 전제돼야 한다. 그 속에서 사람들은 적극적으로 자신의 의견을 나누고 싶어 한다.

칸트가 자신의 미학에서 이야기하는 공통감 역시 마찬가지다. 인간은 아름다운 것을 만나면 혼자 즐기고 마는 것이 아니라 적극적으로 사람들과 공유하고 싶어 한다. 이런 특성을 아렌트는 특히 정치적 행위에서 공적 영역의 토론과 의견 공유로 풀어낸 것이다. 현대인들은 이미 SNS를 통해 일상적 공유, 미적 공유, 정치적 공유를 하며 적극적으로 활동하고 있다.

공통감은 어떻게 가능한가

칸트는 각자 다른 주관을 가진 개인이 공통감을 갖는 것은 일종의 인간이 이성적 능력을 가진 것과 같다고 봤다. 다시 말해 공통감은 소위 집단지성에 자기 판단을 맡기고, 자기 스스로 하는 판단에 다른 모든 사람의 판단도 함께 고려하는 이상적인 이념을 뜻한다. 이런 공통감을 제대로 발휘하기 위해서는 다음과 같은 세 가지 준칙을 지켜야 한다고 칸트는 보았다(B158).

1) 스스로 생각하라. — 계몽의 준칙

2) 다른 모든 사람들의 입장에서 생각하라. ─ **확장된 심성의 준칙**

3) 언제나 자기 자신과 일치하도록(자기 모순이 없도록) 생각하라. ─ **일관성의 준칙**

첫째는 선입견 없는 사유 방식의 준칙이다. 미적 판단에서 선입견은 금전적 보상과 같은 이해관계를 불러일으키는 등 진정한 미적 향유를 방해할 것이며, 정치적 판단에서도 선입견은 객관적 입장을 갖지 못 하게 할 수 있다. 둘째는 확장된 사유의 준칙으로, 확장된 사유를 하지 못 하면 서로 의견을 나누는 것 자체가 불가능하다. 소위 자기 의견만 고집하는 '꼰대'가 될 수 있다. 셋째는 일관된 사유 방식의 준칙이다. 일관성 없는 사유는 어느 누구에게도 신뢰를 주지 못 한다. 즉, 선입견 없이 확장시키되 일관성을 유지해야 공통감을 발휘할 수 있다는 것이다.

소통하는 인간

칸트의 공통감은 칸트 윤리학을 연구하는 현대 철학자들에게 새로운 관점을 제시했다. 이전까지의 칸트 윤리학은 정언명령에 따르는 법칙적 윤리학이었다. 그러나 칸트 미학에서 유래하는 윤리학은 의사소통 속에서 찾아내야 할 새로운 윤리를 위한 밑거름으로 작용하고 있다. 양심적으로 사는 것도 중요하지만, 사회를 벗어나서 살지 못 하는 인간은 필연적으로 관계 속에서 윤리를 찾아야 한다. 따라서 칸트의 공통감은 새로운 시대에 소통의 윤리학으로 주목할 필요가 있다.

공통감은 인간의 소통을 위한 선험적 요구로서 우리의 주관적 느낌을 공유하도록 한다. 또한 공통감은 보편적인 소통 가능성을 주장하도록 허용하는 기준이 되기도 한다. 공통감과 관련된 문제들은 인식이나 지식과 무관하고 준칙과 관계한다. 그래서 더욱 현대 사회의 SNS 소통을 설명하는 데 적합하다. 앞에서 언급한 공통감의 준칙에 따라 인간은 심성을 확장하고, 경험의 사적이고 소통 불가능한 측면을 제거한다. 이런 점에 착안해 아렌트는 나의 감정이 자신을 즐겁게 하는지 혹은 불쾌하게 하는지를 선택하는 결정 기준은 상상력 속에서 다른 사람들과 소통하며 그들과 함께할 수 있게 하는 소통 가능성이라고 주장한다.

SNS 속에서는 사람들을 직접 만나지 않는다. 그 대신 상상력을 동원해 타인과 함께하고 그들과 즐겁게 소통한다. 그 결과가 '좋아요'다. 이런 상상적 소통은 때때로 정치적 소통으로 확장돼 현실로 넘어오기도 한다. 상상을 뛰어넘고, 시간과 공간을 뛰어

넘어 현실적 결과를 가져오는 것이다. 그렇게 미적 소통은 정치적 소통과 결합된다.

가상을 넘어 현실로, 공감의 이동

인스타그램이나 틱톡 등에 유행하는 춤이나 동작을 따라하는 영상이 업로드된 걸 본 적 있을 것이다. 이를 '챌린지(도전)'라고 한다. 챌린지는 해시태그를 타고 같은 챌린지에 참여한 서로에게 도달된다. 같은 동작이라도 사람마다 각자의 색깔이 반영되니 나와 같은 관심사를 갖고 같은 동작을 촬영한 사람들의 챌린지를 보는 일은 즐겁기 그지없다. 챌린지에 참여하지 않은 사람들조차도 이 영상들을 두루 보다 보면 나도 참여해 그들과 동료 의식을 느끼고 싶어진다. 비록 전문가처럼 멋진 춤이 아니더라도, 생각보다 '좋아요' 수가 많지 않더라도 누군가와 마음을 공유하고 누군가에게 관심을 받는다는 것 자체가 현대 사회에서 삶의 동기가 된다.

'챌린지'에는 재미로 하는 춤 동영상만 있는 것이 아니다. 루게릭병에 걸린 환자를 돕는 사회 운동의 일환으로 얼음물을 뒤집어쓰는 '아이스 버킷챌린지'를 확산시키는 데도 SNS가 한몫

했다. 우리와는 멀리 떨어진, 한 번도 가 본 적 없는 어떤 나라가 지진이나 홍수 등의 재난으로 어려움을 겪을 때도, 테러로 큰 피해를 당했을 때도 SNS 챌린지는 서로가 서로에게 힘이 돼 줬다.

하지만 안타깝게도 현실에서는 앞집에 누가 사는지도 잘 알지 못 한다. 엘리베이터에서 만난 이웃에게 말을 거는 것도 조심스럽다. 그만큼 사회는 단절돼 있다. 하지만 SNS 속 친구들은 내게 관심을 갖고, 아낌없이 '좋아요'를 눌러 준다. 반복되는 일상 속에서 번아웃에 지쳐 갈 때도, 위기에 빠져 좌절하고 있는 순간에도 가상의 공간 속 친구가 눌러 준 '좋아요'는 삶을 버티게 한다. 그게 공통감을 갖는 인간이 살아가는 현대 사회의 모습이다. 공통감을 가진 인간에게는 아직 희망이 있다. SNS 속 가상의 친구와 주고받는 공감은 현실 세계에서도 충분히 실현 가능하다. 나부터 먼저 실천하는 용기로 현실의 주변인들과 공통감을 나눠 보자.

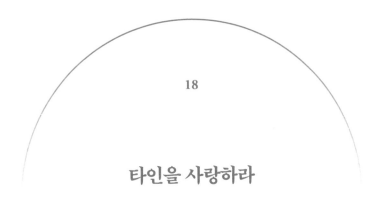

18

타인을 사랑하라

"그러므로 숭고는 자연의 사물 속이 아니라, 오직 우리 심성 속에 자리하고 있다."

이마누엘 칸트, 《판단력비판》(B109)

여럿이 한 명을 무시하고 괴롭히는 '왕따' 문제는 어제 오늘의 이야기가 아니다. 대학교에서 강의를 하며 학생들의 이야기를 듣다 보면 실제 '왕따'를 당한 적 있는 학생들, 그 정도는 아니었다 하더라도 친구 관계를 형성하는 데 어려움을 겪은 학생들이 생각보다 꽤 많다. 그만큼 '왕따'는 특정 학생의 문제가 아닌, 보편적인 사회 문제다.

도시에서는 아파트 단지에서 사는 경우가 많다. 그러다 보니 빠르면 유치원 때부터 시작해 초등학교, 중학교, 고등학교까지 동네 친구끼리 같은 학교를 다니는 경우가 상당히 많다. 그러는 동안 아이들은 친한 그룹을 형성한다. 여기서 그치면 다행인데 그룹 안에서도 끊임없이 이합집산離合集散이 일어난다. 그 안에서 살아남은 아이들은 진짜 친한 친구를 만드는 데 성공하지만, 그렇지 못 한 아이들, 즉 친구를 만들지 못 한 아이들은 외로운 학창시절을 보내게 된다. 내가 어렸을 때만 해도 '왕따'라는 게 없었던 것 같은데 요즘에는 왜 이런 양상을 보이는 것일까.

내 것이 많아 불안한 현대인

2024년 기준, 50대 이상의 세대들은 소위 없이 살던 시절에 초등학교, 중학교를 다녔다. 당시만 해도 부모님께 용돈을 받는 아이들은 거의 없었고, 학용품이나 참고서도 대부분 물려받아 썼다. 간혹 부잣집 아이들이 있긴 했지만 소수였고, 그들은 부러움의 대상이었을지언정 '왕따'의 대상은 되지 않았다. 또한 다 같이 어려웠던 시절이다 보니 형편이 유독 어려운 아이들도 그리 눈에 띄지 않았다. 어려운 형편을 가지고 놀리거나 '왕따'를 시키는 일도 물론 없었다. 다만 방과 후에 뜻이 맞아 삼삼오오 모이면 함께 노는 것이고 아니면 말았을 뿐이다. 원래 가진 것이 없으니 소유욕도 그렇게 많지 않았던 것이 아닌가 싶다.

그에 비하면 MZ세대들은 가진 것이 많다. 맨 첫 장에 MZ세대는 가난하다고 했는데 가난하면서도 가진 것이 많은 아이러니한 세대다. 가진 것이 많다는 것은 한편으로 불안감을 준다. 내 것을 안정적으로 확보해야 한다, 내 것을 빼앗기면 안 된다 하는 불안이 시시각각 엄습한다. 마찬가지로 친구도 안정적으로 확보하지 않으면 불안하다. 겉으로 보기엔 '우리 편'을 이루어 잘 지내는 것 같지만 타인을 배척하는 윤리가 아이들과 함께 성장해 온 것이다.

내 것을 확보해 둔다는 것은 상당히 편안하고 쾌적한 일이다. 칸트가 이야기했듯이 관심과 결합된 것은 쾌적하다. 하지만 관심을 갖고 사적 이익을 바라보는 것에서는 아름다움을 찾을 수 없다. 그러니 나에게 이익이 되지도 관심이 가지도 않는 것은 물건이든 친구든 배척의 대상, 미움의 대상이 된다.

자신의 이익을 바라고 사람에게 접근을 하면 그 관계는 그야말로 끔찍해진다. 내게 이익이 되지 못 하는 인간은 철저히 배척하게 되고, 그 정도가 심해지면 학대가 된다. 사랑은 바라는 것 없이 서로를 존중해 줄 때 가능하다. 사랑도 욕심이 생기는 순간

관계가 삐거덕거리며 아름다움에서 멀어지기 시작한다.

초발심이 힘을 잃을 때

남녀가 함께 가족을 꾸리고 살아가는 것은 결코 쉬운 일이 아니다. 결혼 생활을 하면서 단 한 번도 이혼 생각을 해 본 적이 없다고 단언할 수 있는 사람이 몇이나 될까. 부부가 상대를 미워할 때는 아마도 자기 욕심대로 상대방이 따라 주지 않을 때일 것이다. 사람들은 이를 성격 차이라고 말하고, 자칫 이혼으로 이어지기도 한다.

불교에 초발심初發心이라는 말이 있다. 처음으로 마음공부에 뜻을 세우는 것을 말한다. 사랑에도 초발심이 있다. 영국의 위대한 극작가 윌리엄 셰익스피어William Shakespeare의 4대 비극 중 하나인 〈로미오와 줄리엣〉 속 로미오와 줄리엣이 서로를 사랑하는 마음에 목숨까지 버릴 수 있었던 것은 진정한 사랑을 했기 때문이기도 하지만 사랑을 맹세한 지 얼마 지나지 않았을 때 불행에 휘말렸기 때문이다. 즉, 사랑에 초발심을 낸 지 얼마 지나지 않았기 때문에 죽음을 마다하지 않을 정도로 사랑하는 상태였던 것이다.

결혼하고 아이 낳고 육아하고 생활하다 보면 초발심은 변하기 마련이다. 사람이기에 이기적일 수밖에 없고 상대방을 위하기보다는 나부터 위하고 싶은 마음이 든다. 그래야 내 몸과 마음이 편하기 때문이다. 결국 진정한 사랑을 원했던, 진정한 인간의 아름다움을 보았던 사랑의 마음은 어디론가 사라지고 결혼 생활은 지옥이 된다.

타인을 위한 자기희생,
가장 고차원의 숭고미

2001년 1월 일본 유학 중이던 한국인 유학생 한 명이 선로에 추락한 취객을 구하고 사망하는 사고가 있었다. 일본 교과서에도 등재된 고 이수현 씨 이야기다. 그에게 선로에 쓰러져 있던 일본인 취객은 한국을 집어삼켰던 침략국의 국민이었을까, 술에 만취한 한심한 사람이었을까, 아니면 고귀한 생명 그 자체였을까. 고귀한 생명으로 보지 않았다면 자신의 목숨을 걸고 구하려 하지도 않았을 것이다. 인간이 아름다운 이유는 자신의 안락함, 쾌적함을 뛰어넘어 인간의 아름다움을 보는 영혼에 있다. 그것은 오직 인간의 숭고한 영혼에서 우러나오는 아름다움이다.

때때로 뉴스나 방송 매체를 통해 어려운 상황 속에서도 남을 도우며 살기를 소망하는 사람들을 만난다. 특히 12월이 되면 어김없이 꼬깃꼬깃한 천 원짜리 지폐를 모아 기부한 익명의 기부자들 소식을 듣게 된다. 그중에는 폐지를 주워 하루하루를 살아가는 노인이 자신보다 어려운 사람들을 위해 써 달라며 기부하는 경우도 포함된다. 그런 분들께 "자신의 건강부터 돌보시는 게 좋지 않을까요?"라고 함부로 조언할 수 없는 이유는 그렇게 행동하는 것이 바로 인간 본연의 모습이기 때문이다. 오히려 그렇게 행동하지 못 하는 나 자신이 한없이 부끄러워진다. 누구나 아름답게 살지는 못 하지만, 누구나 마음속으로는 아름답게 살기를 희망한다.

아름다움은 욕심이나 물건에 있지 않다. 물건에 아름다움이 있다면 백화점 명품관에 아름다움이 모두 모여 있다고 할 수 있다. 하지만 그것들은 비싼 물건이지 아름다운 물건이 아니다. 백화점은 쾌적한 장소이지 아름다운 장소는 아니다.

아름다움은 정신에 있다. 타인을 위해 내가 가진 것을 기꺼이 나눌 때, 배려의 마음을 건넬 때 아름다움은 진정한 빛을 내뿜는다. 희생은 인간만이 가진 능력으로, 인간의 마음을 숭고한 아름다움으로 가득 차게 만든다.

우리는 아름다움을 추구해야 한다. 그중에서도 가장 높은 아름다움인 숭고미는 가진 것을 손에 꼭 쥐고 놓지 않거나 더 갖지 못 해 안달하는 이기적인 욕심보다는 남을 우선 배려하는 마음으로 살아갈 때 가능하다. 이것이 진정한 사랑이다. 인간이 인간을 소중하게 여기고 인간을 위해 행동할 때 칸트가 이야기하는 아름다움으로 소통하는 사회, 인간다움이 존중받는 사회가 만들어질 수 있음을 잊지 말자.

우리는 아름다움을 추구해야 한다.
그중에서도 가장 높은 아름다움인 숭고미는
가진 것을 손에 꼭 쥐고 놓지 않거나
더 갖지 못 해 안달하는 이기적인 욕심보다는
남을 우선 배려하는 마음으로 살아갈 때 가능하다.
이것이 진정한 사랑이다.

나가는 말

2024년 여름은 유사 이래 가장 더웠다. 지금까지의 더위 관련 기록을 모두 갈아치우며 사람들을 지치게 했다. 하지만 우리에겐 파리 올림픽이 있었다. 세계를 제패한 양궁 선수들이 있었고 종주국을 물리친 펜싱 선수들이 있었다. 비록 이번 여름엔 바다 구경 한번 못 가고 서재를 지키며 올림픽 경기를 보는 것이 유일한 낙이었지만 내게는 가장 행복했던 여름으로 기억될 것이다.

더위를 견디고 컴퓨터 앞을 꼼짝없이 지키면서도 행복했던 이유는 늘 마음으로만 쓰고 싶었던 콘셉트의 책을 드디어 쓰게 됐기 때문이다. 칸트와 자기계발의 조합은 일반적으로 '그거 좋겠다!'라고 생각할 수는 있지만 막상 쓰기는 쉽지 않다.

칸트가 타인에 모범이 되는 삶, 후세에 길이 남길 만한 삶을 산 것은 맞지만 이를 그의 저작과 연결시키는 작업이 여간 까다로운 게 아니기 때문이다. 최대한 칸트의 정신을 해치지 않는 선에서 저작과 삶을 연결시켜 이 책을 완성하고자 했다.

2024년 봄 교보문고의 한지은 편집자가 나의 2023년 책 《칸트의 순수이성비판》을 보고 원고 청탁을 해 줘서 사실 정말 놀랐다. 칸트 전문가는 너무도 많은데 그중 내게 연락한 게 불교에서 이야기하는 전생의 인연인가 하는 생각도 들었다. 게다가 나와 이름이 같은 편집자라서 특별한 인연이라고 지금도 생각한다. 내가 생각하지 못 한 부분까지 섬세하게 챙겨 줘서 원고를 잘 마무리할 수 있었다. 지금 이 자리를 빌려 한지은 편집자에게 감사의 마음을 전하고 싶다.

학기 중에는 강의 때문에 집필을 거의 할 수 없으므로 방학을 이용해 글을 썼다. 같은 연구자의 길을 가는 남편이 그런 아내를 위해 집안일을 도맡아 줬다. 사랑의 마음을 전해 본다. 또한 늘 곁에서 엄마의 손을 잡아 주며 위로해 준 하나뿐인 딸에게도 고마운 마음을 보낸다.

마지막으로 쉰이 넘은 딸을 위해 언제나 마음을 쓰시며 격려를 아끼지 않으시는 나의 어머니 김순이 여사님께 사랑하고 감사하다는 말을 이 자리를 빌려 꼭 전하고 싶다.

참고문헌

Immanuel Kant, 《Beantwortung der Frage; Was ist Aufklärung?》 Band 9,
   Weischedel, 1983.

Immanuel Kant, 《Grundlegung zur Metaphysik der Sitten》 Band 6, Weischedel,
   1983.

Immanuel Kant, 《Kritik der reinen praktischen Vernunft》 Band 6, Weischedel,
   1983.

Immanuel Kant, 《Krikik der reinen Vernunft》 Band 3, 4, Weischedel, 1983.

Immanuel Kant, 《Kritik der Urteilskraft》 Band 8, Weischedel, 1983.

Immanuel Kant, 《Metaphysik der Sitten》 Band 10, Weischedel, 1983.

Immanuel Kant, 《Prolegomena》 Band 5, Weischedel, 1983.

Immanuel Kant, 《Über Pädagogik》 Band 10, Weischedel, 1983.

만프레드 가이어, 《칸트평전》, 김광명 옮김, 미다스북스, 2004.

이마누엘 칸트, 《교육학》, 백종현 옮김, 아카넷, 2018.

이마누엘 칸트, 《도덕형이상학》, 이충진, 김수배 옮김, 2018.

이마누엘 칸트, 《순수이성비판》, 백종현 옮김, 아카넷, 2006.

이마누엘 칸트, 《실천이성비판》, 백종현 옮김, 아카넷, 2002.

이마누엘 칸트, 《윤리형이상학정초》, 백종현 옮김, 아카넷, 2005.

이마누엘 칸트, 《칸트의 역사철학》, 〈계몽이란 무엇인가에 대한 답변〉, 이한구 편역, 서광사, 1992.

이마누엘 칸트, 《판단력비판》, 백종현 옮김, 아카넷, 2009.

이마누엘 칸트, 《형이상학서설》, 염승준 옮김, 책세상, 2023.

한나 아렌트, 《칸트 정치철학 강의》, 김선욱 옮김, 푸른숲, 2002.

지금 무엇을 해야 하는가

초판 1쇄 발행 2025년 1월 31일

지은이 강지은
펴낸이 안병현 김상훈
본부장 이승은 **총괄** 박동욱 **편집장** 임세미
책임편집 한지은 **디자인** 서윤하
마케팅 신대섭 배태욱 김수연 김하은 **제작** 조화연

펴낸곳 주식회사 교보문고
등록 제406-2008-000090호(2008년 12월 5일)
주소 경기도 파주시 문발로 249
전화 대표전화 1544-1900 주문 02)3156-3665 팩스 0502)987-5725

ISBN 979-11-7061-218-6 (03160)
책값은 표지에 있습니다.